정약용, 나쁜 관리를 꾸짖다

* 일러두기

이 책은 이해를 돕고자 《목민심서》에 나오는 내용을 정약용이 목민관으로 일할 때 이야기와 강진에서 유배 생활할 때 이야기로 재구성했습니다. 또한 정약용이 논한 목민관의 중요한 자질을 전달하고자 정약용의 저서, 《흠흠신서》와 《자찬묘지명》의 내용도 가져왔습니다.

생생고전 05 **목민심서**

정약용, 나쁜 관리를 꾸짖다

펴낸날 초판 1쇄 2024년 12월 24일

글쓴이 고진숙 | **그린이** 이주미
편집 이정아 | **디자인** 김윤희 | **홍보마케팅** 이귀애 이민정 | **관리** 최지은 강민정
펴낸이 최진 | **펴낸곳** 천개의바람 | **등록** 제406-2011-000013호
주소 서울시 영등포구 양평로 157, 1406호
전화 02-6953-5243(영업), 070-4837-0995(편집) | **팩스** 031-622-9413

© 고진숙·이주미, 2024 | ISBN 979-11-6573-589-0 73190

제조자 천개의바람 **제조국** 대한민국 **사용연령** 10세 이상

정약용, 나쁜 관리를 꾸짖다

고진숙 글 | 이주미 그림

차례

머리말

정약용은 아주 많은 글을 쓰고 책을 지었는데 그중에서 대표작이 뭐냐고 물으면 모두가 《목민심서》라고 해요. 구할 수 있는 세상의 모든 책을 구해서 읽고 무려 18년이나 공을 들여 《목민심서》를 만들었다고 해요. 재능이 넘치는 분이 무척 정성을 들였구나 싶었죠. 그런데 막상 글을 읽다 보니 뭔가가 달랐어요. 뛰어난 분이라서 놀라운 책을 쓸 수 있었던 것만은 아니었어요. 《목민심서》 속에는 사람이 있었어요. 정약용은 사람을 사랑하는 법을 쓰고 있었어요.

어떤 관리가 되어야 할지 알려 주는 책인데 읽다 보면 어떤 사람이 되어야 할지를 배우게 되어요. 또 어떻게 바꿔 가야 할지 생각하게 되어요.

"애야, 이럴 때 이렇게 해 보지 않을래?"

곁에서 따뜻한 목소리로 얘기하는 것처럼 들려요. 아마 《목민심서》가 고전이라고 불리는 이유겠지요. 고전이란 언제든 어디서든 모두가 읽으며 지혜를 얻을 수 있는 책이니까요.

정약용처럼 모든 곳에 계신 분은 드물어요. 의학 얘길 듣다가도 만나게 되고, 법은 물론이고 심지어 천문학을 공부하다가도 만나게 된답니다. 도대체 못 하는 게 뭔지 묻고 싶을 만큼 다양한 분야에서 업적을 이뤘어요. 수학을 잘하면서 시도 잘 짓고 글도 잘 쓰고 심지어 뛰어난 의사이기도 했어요. 이렇게 다재다능하면 부러울 것이 없겠다 싶었어요.

그런 재능을 가졌지만 18년간이나 집에서 아주 먼 곳에서 홀로 유배 생활을 했으니 얼마나 힘들었겠어요. 그렇지만 정약용은 그제야 비로소 진짜 백성들을 만났고 목민관이 어떻게 해야 하는지를 깨달았어요. 남부러운 생활만 하고 고통이 없었다면 《목민심서》는 태어나지 못했을 거예요. 가장 낮은 데 가서야 비로소 고통받는 백성을 보았고, 가장 위대한 책을 쓸 수 있었어요.

이 책을 쓰면서 조선 시대에 고생했던 분들 생각에 마음이 아팠고, 그들을 위해 애쓰다 보니 거의 모든 분야에서 최고의 전문가가 된 정약용 덕분에 행복했습니다. 여러분들도 이 책 속에서 따뜻하고 멋진 사람들과 함께하길 바랍니다.

– 고진숙

"안녕? 나는 정약용이야."

　나는 좋은 집에서 태어나 생활도 넉넉했어. 공부하는 재주를 타고나기도 했지만 열심히 하기도 했고, 운도 좋았어. 과거시험에 어렵지 않게 합격했지. 정조 임금은 내 재주를 아껴서 늘 가까이 두었단다.

　그런데 정조 임금이 세상을 떠나자 나와 생각이 다른 사람들이 나를 멀리 강진으로 유배를 보냈어. 《목민심서》는 내가 유배지에서 쓴 책이야. '목민'은 백성을 돌본다는 뜻이야. '목민관'은 백성을 돌보는 관리를 뜻하지. '심서'는 마음 깊이 새겨들어야 할 책이라는 의미가 있어. 내가 보고 들은 이야기와 여러 책에서 얻은 지혜를 바탕으로 목민관의 길잡이가 될 책을 썼단다. 강진으로 유배를 가지 않았다면 나는 이 책을 쓸 수 없었을 거야. 그곳에서 비로소 진짜 백성들의 고통을 보았거든.

　정조 임금이 돌아가신 뒤, 임금의 외척이 모든 권력을 손에 넣었어. 외척은 임금의 어머니나 아내의 집안사람을 말해. 외척은 자기와 친한 사람을 관리로 세우고, 그들이 못된 짓을 해도 처벌하지 않았어. 외척에게 뇌물을 주고 관직을 사는 사람이 많아졌지. 돈을 주고 관직을 산 사람들은 더 많은 재물을 얻으려고 백성들 주머니를 털었어. 이렇게 힘이 센 사람이 마음대로 정치를 하는 시기가 60여 년이나 이어졌단다.

외척이 욕심을 부리고 신하들이 잘못해도 바로잡을 수 없었던 이유는 임금의 힘이 약했기 때문이야. 정조 임금의 뒤를 이은 순조 임금은 겨우 열 살이었거든. 부패한 관리가 거리낌 없이 욕심을 부리는 조선에서 백성들은 헐벗고 고통받아 숨을 쉴 수 없는 지경에 빠지고 말았어.

《목민심서》를 쓴 1818년 조선의 모습이 그러했단다. 이 책이 많은 목민관과 목민관이 되려는 이들에게 도움이 되길 바랄 뿐이야. 그럼, 이제 내 이야기를 시작해 볼게.

목민관이 되다

먼저 내가 목민관으로 보낸 시절부터 이야기해 볼까? 어느 날, 임금이 보낸 임명장을 받았어. 곡산이라는 마을에 관리로 보내는 임명장이었지. 곡산은 황해도에 있는 산골짜기 마을이야.

지방 마을을 다스리는 관리는 '수령' 혹은 '사또'라고 불러. 조선 이란 나라에서 임금은 모든 땅의 주인이고 모든 사람들의 어버이 야. 그런데 멀고 먼 마을에는 임금이 직접 갈 수 없으니까 대신 수 령을 보냈어. 그러니 수령은 임금 같은 대접을 받았어. 수령이 잘 못을 저질러도 아무도 뭐라고 할 수 없었단다.

그럼 수령 마음대로 해도 되냐고? 아니야. 임금도 제 마음대로 할 수 없듯이 수령도 마찬가지란다. 임금은 모든 사람들의 어버이 라고 했지? 아버지, 어머니는 자식을 사랑으로 정성껏 돌보잖아. 수령도 임금을 대신해서 백성을 정성껏 돌봐야 해. 좋은 임금이 나 라를 살찌우듯 좋은 수령은 마을 백성을 살찌우지. 그래서 수령을 '목민관'이라고 한단다. 백성을 돌봐 풍요롭게 하는 관리란 뜻이야.

임명장을 받았으니, 이제 마을로 가서 다스리기만 하면 되냐고? 아니야. 여기저기 한턱을 내야 하고, 윗사람에게 선물을 들고 감사 인사를 다녀야 한단다. 그러니 수령이 되면 돈 쓸 일이 많아져. 게다가 마을에서 맞이하러 온 사람들이 먹고 마시고 자는 데 드는 돈도 내야 해. 이렇게 돈을 써 버리면 주머니가 텅 비겠지? 그래서 수령이 마을에 도착하면 백성들을 쥐어짜는 거야. 수령이 부패할 수밖에 없는 이유였지. 나는 먼저 이 잘못된 일부터 바꾸려고 마음먹었어.

내가 임명장을 받았다는 소식을 듣자 궁궐에서 일하는 사람들이 달려왔어.

"곡산으로 가신다면서요? 축하드립니다."

축하는 핑계였고 돈을 원했어. 그 돈으로 잔치를 벌이려는 속셈이었지. 이런 짓거리가 오래된 전통이라니 한심한 일이었어.

"그동안 정도 들었으니 밥 한 끼 먹을 정도는 내놓겠네만 큰돈은 어렵네."

"곡산에서 선물 보따리 왔을 거 아닙니까? 혼자 다 가지려고요?"

몇몇이 빈정거리며 옷소매를 잡아당기거나 발을 슬쩍 걸기도 했어. 화가 머리끝까지 났지만 참았어.

"임금님이 나를 수령으로 보낸 이유가 뭘까?"

"그동안 고생했으니 가서 한몫 잡으라는 거죠. 임금님이 특별히 배려해 주신 거 아니겠어요?"

다들 그 말에 와하하 웃었어.

"틀렸네. 백성을 사랑하란 뜻이야. 수령이 한 푼이라도 아껴야
더 많이 사랑할 수 있지 않겠나?"

궁궐 사람들 얼굴이 붉으락푸르락했어. 돌아가면서 한마디씩 뱉
더구나.

"흥, 어차피 가서 단단히 챙겨 올 거면서 뭘 그렇게 쩨쩨하게 굴
어? 다들 잘만 내는데!"

곡산에서도 새로운 수령이 온다니까 난리가 났지. 내가 곡산까
지 가는 데 필요한 돈을 마을 사람들에게서 뜯어내고, 나를 데려
갈 사람을 모집했어. 가마를 들고 말고삐를 잡고 짐을 지고 우산
을 들고 깃발을 들고 밥을 할 사람들이 끌려오는 거야. 대부분 농
사일을 하다가 끌려오는 불쌍한 농민들이야.

"나와 부인만 가는 길이니 사람 손이 많이 필요하지 않다. 먼 곳
까지 와서 지내면 힘들 테고 사람이 너무 많으면 걸음만 늦어지니
꼭 필요한 사람 몇 명만 보내라."

나는 곡산으로 편지를 써서 보냈어. 편지를 받은 이방의 얼굴이
일그러졌지. 반면 백성들은 얼굴이 살짝 펴지며 기대감을 보였어.

"이번 사또는 좀 다르려나?"

떠나기 전에 또 해야 할 일이 있었어. 높은 분들과 나를 추천해

준 관리들에게 인사를 가야 해. 빈손으로 가면 안 되고, 엄청난 선물을 준비해야 하지. 선물이 이분들 마음에 들어야 다음에 더 부자 마을로 보내 줄 수도 있고, 내 잘못을 덮어 줄 수도 있거든. 말이 선물이지 사실은 뇌물이야. 하지만 나는 정성껏 인사를 올리되, 선물은 아주 간단한 걸로 준비했어.

이렇게 곡산으로 가는 데 큰돈이 들지 않으니 발걸음이 가벼웠어. 단출하지만 위엄 있게 말 위에 앉아 곡산에 도착했지. 이방이 뛰어나와 나를 맞았어.

"아이고, 사또. 먼 길 오느라 고생하셨습니다. 여기 오시는 데 타고 오신 말 값은 저희가 모았습니다."

이방이 건넨 돈은 삼백 냥이었어. 나는 모두 들도록 크게 말했어.

"나는 임금님이 보낸 수령이다. 백성들이 힘들까 봐 나라에서 이미 말 값을 다 지불했으니, 이 돈을 받을 이유가 없다. 모두에게 돌려주겠다!"

이방은 얼굴이 노래졌고, 백성들은 환호했어. 나는 통쾌했어. 이렇게 나의 곡산 생활이 시작되었단다.

부끄러움을 잊은 관리들

목민관은 마을을 다스리는 관리예요. 목민관을 사또 혹은 원님, 수령이라고도 해요. 양반 중에서 어려운 과거시험에 합격한 사람들이 맡을 수 있는 관직이었어요. 이런 사람들이 왜 부패했을까요?

조선은 양반, 중인, 상민, 천민으로 신분이 나뉘었는데, 각자 신분에 따라 하는 일이 달랐어요. 양반은 제일 높은 신분으로 제일 높은 관리가 될 수 있었지요. 하지만 양반은 돈벌이를 위해 장사를 할 수 없었어요. 중인으로 신분을 낮춰 기술 관리가 되거나 의사가 될 수는 있었지만 매우 드물었어요. 양반은 대접받으며 특혜를 누릴 수 있었거든요. 세금을 면제받았고, 심지어 죄를 지어도 함부로 처벌받지 않았어요. 양반이라는 신분을 버리기 쉽지 않았겠죠?

양반이 돈을 벌 수 있는 방법은 과거에 합격해서 관리가 되는 것이었어요. 관리가 되면 나라에서 월급을 줬거든요. 그런데 월급은 많지 않았고 여기저기 돈 들어갈 데는 많았어요. 양반이 수령 자리를 탐내는 이유는 제일 쉽게 돈을 벌 수 있었기 때문이에요. 물론 백성들 주머니를 털어 제 배를 채웠지만, 당시 양반들은 대부분 부끄러움을 잊었답니다.

관리가 다스리는 지역으로 가는 길은 매우 화려하고 많은 사람이 따랐어요.
(김홍도가 그린 〈신임 관리의 행차〉 부분)

관아와 아전을 잘 다스리다

곡산에 도착하자마자 관아 사람들과 인사를 나눴어. 관아 일을 맡아보는 아전과 경찰 역할을 하는 군교, 노비, 문지기, 감옥을 지키는 사람, 심부름꾼 등 관아 식구가 백 명도 넘었지. 이들을 대표하는 사람은 이방이야. 이방은 내가 하는 거의 모든 일을 함께해. 나에게 도움을 줄 수도 있지만 반대로 나에게 해를 끼칠 수도 있는 사람이지.

목민관은 절대로 이방을 친구처럼 대하면 안 돼. 그러면 이방은 마을마다 돌아다니면서 함부로 지껄이지.

"우리 사또는 내 손안에 있다. 모든 일은 내가 처리할 테니 그렇게 알아라."

이방이 이렇게 나대면 사람들은 너도나도 이방에게 아부하고 뇌물을 바치겠지. 지방 관아에서 수령이 '낮'의 임금이라면 이방은 '어둠'의 임금이야. 심부름꾼이나 노비도 거들먹거리긴 마찬가지야.

한낱 문지기조차도 백성들에겐 무서운 사람이야. 관아 안으로 들어오려면 이들에게 뇌물을 바쳐야 하거든. 심지어 곤장 치는 사람도 뇌물을 받으면 살살 쳐 준다. 이쯤 되면 백성들은 관아 곁에 오고 싶지 않겠지?

안타깝지만 당연한 걸지도 몰라. 관아에서 일하는 사람들에게는 월급을 주지 않았거든. 수령만 월급을 받았고, 이들은 심부름값이라는 핑계로 돈을 조금 받았을 뿐이야.

그렇지만 조금만 받을 리 없겠지? 목민관이 힘든 이유란다. 목민관은 이들의 도움을 받아 백성들을 보살펴야 하는데, 이들은 백성들을 뜯어먹어야 살 수 있으니까. 생각만 해도 어렵지?

나는 관아 식구들과 인사를 나눈 뒤 창고를 하나하나 점검했어. 갖가지 물건을 보관한 창고가 무려 14개나 되었단다. 나라에 올릴 것과 관아에서 써야 할 물건을 보관한 창고, 백성에게 빌려줄 곡식을 보관해 둔 창고가 있어. 말을 두는 곳도 있고 무기를 두는 곳도 있지. 돈 주고 사면 되는데 왜 쌓아 두냐고? 조선은 물건이 풍족하지 않아서 필요할 때마다 사 올 수가 없었단다.

내가 창고에 있는 물건과 장부를 대조하며 꼼꼼하게 살피자, 아전들 얼굴이 새파랗게 질렸어. 아전들이 창고의 물건을 멋대로 썼기 때문이야. 장부에는 있지만 창고에는 없는 물건들이 조금 있었지. 어떻게 된 거냐고? 이전에 있던 수령이 아전들에게 창고를 맡기고는 검사를 제대로 하지 않은 게 문제였어. 당연히 고양이에게 생선을 맡긴 격이지.

경상도와 전라도, 강원도에서 두루 감사를 지낸 정만화란 분이 있었어. 감사는 사또보다 높은 지방 관리로 으뜸 벼슬이야. 이분이 가는 곳마다 이상하게 감영의 창고가 가득 찼지. 감영은 감사가 머무르며 일하는 곳이야. 사람들이 비결을 물었더니, 정만화가 크게 한숨을 쉬면서 말했어.

"빼돌리고 속이지 못하게 막았더니 충분히 쓰고도 남게 되었다. 절약이야말로 백성을 사랑하는 근본이 아니겠는가."

창고 물건을 빼돌리는 사람이 누구인지 알겠지? 나라의 창고가 비면 백성들을 쥐어짜서 채워야 해. 목민관이 절약하면 백성들은 풍요로워져. 창고 장부만 꼼꼼하게 관리해도 낭비를 막을 수 있단다.

나는 당장은 창고가 빈 것을 나무라지 않았어. 대신에 새롭게 장부를 정리하게 한 다음 다짐을 받았어.

"이제부터 매달 말에 창고와 장부를 살필 것이다. 문제가 있다면 그때는 크게 벌줄 테다."

아전들은 이전의 죄를 묻지 않자 감사하며 다시는 빼돌리지 않겠다고 약속했어.

관아에서 일하는 사람들

관아는 수령이 나랏일을 하는 곳이에요. 관아에는 이방, 병방, 형방, 예방, 호방, 공방의 여섯 부서가 있는데, 관아 앞에 이들의 사무실이 있었어요. 그래서 이들을 관아 앞에 있는 사람이란 뜻으로 '아전'이라고 했지요. 수령만 나라에서 보낸 관리였고, 아전은 마을에서 대대로 살던 토박이들이었어요.

아전들의 우두머리는 이방으로 힘이 컸어요. 이방과 호방, 형방은 큰형님 격으로 대접받았어요. 아전들은 수령을 도와 관아의 여러 일을 했어요.

아전들 외에 관아에는 다양한 일을 하는 사람들이 있었어요. 군교와 나졸은 치안을 담당했어요. 문지기, 곤장 치기 등을 맡은 나졸은 신분이 매우 낮은 사람들로 떠돌이나 광대 출신이 많았어요. 군교는 마을을 돌아다니면서 수상한 사람을 잡아 오고, 세금을 제때 바치지 않으면 잡아다가 옥에 가두기도 했어요. 방망이와 포승줄을 갖고 다녀서 아주 무서웠지요. 군교는 성격이 거친 사람들이 많아서 사람을 치고 재물을 약탈하는 일을 거리낌 없이 했어요. 세금을 걷으러 가서는 송아지를 끌고 오거나 솥을 떼 오거나 했지요. 그 밖에 관아에는 관노와 시동도 있었어요. 관노는 노비이고, 시동은 잔심부름하는 아이였어요.

이방	인사, 비서 관련 일
호방	토지 및 세금 관련 일
형방	소송, 형벌 관련 일
병방	군대, 경찰 업무
예방	제사, 손님 접대, 나들이 담당
공방	나무 베기, 제방 등 수공업, 광산 관련 일

아전이 하는 일

관아를 손아귀에 쥐고 흔든 아전들

관아에서 일하는 사람들은 월급이 없었어요. 사또만 월급을 받았지요. 말도 안 된다고요? 어쩌다 이렇게 되었는지, 조선이 세워질 때로 거슬러 올라가 볼까요? 원래 아전들은 그 지방에서 땅도 많고 힘도 센 집안사람들이었어요. 그런데 이들이 강하면 사또가 꼼짝도 못 하겠죠? 그래서 봉사하라는 의미로 월급을 주지 않았어요. 이들은 물려받은 땅이 있어서 먹고살기 어렵지 않았으니까요. 대신 각종 세금을 면제받았고, 많은 혜택을 누렸어요.

이들이 수고비로 받는 걸 '인정'이라고 해요. 말 그대로 봉사하느라 힘들었을 테니 '인정'이나 베풀어 준다는 의미의 그 인정이지요. 법에서는 인정하지 않았고 심지어 걸리면 처벌받았지만, 어찌 되었든 인정은 아전들이 뭔가를 뜯어낼 수 있는 핑계가 되었어요. 그러다 보니 이들의 권력이 세졌고, 마을에서 깡패나 다름없게 되었지요.

아전들은 관아에서 사용하다 남은 물건들도 차지했고, 나중에는 아예 관아 창고에서 물건을 가져다 썼어요. 그러고는 물건을 다시 채우려고 마을 사람들에게 돈을 걷었어요. 이걸 그냥 두냐고요? 창고 관리를 사또들이 꼼꼼하게 하는 경우가 드물었고, 사또는 한두 해 있다가 떠나기 일쑤니 사정을 알기 어려웠어요. 지방 관아는 아전들 손에 있었어요.

아전들이 관리의 행차를 따르는 모습이에요. (김홍도가 그린 〈신임 관리의 행차〉 부분)

잘못을 바로잡아 백성을 편하게 하다

　아침부터 아전들 입꼬리가 올라가 있었어. 무슨 좋은 일이 있나 보다 했는데 아니나 다를까 이방이 말했지.

　"사또, 오늘은 황장목을 베는 날입니다."

　곡산은 산골이라 소나무가 많았어. 질이 좋은 소나무는 '황장목'이라고 하는데 쓰임새가 많아. 궁궐이나 집을 지을 때도 쓰고 관을 만들 때도 사용했지. 해마다 나무를 베어서 나라에 바치는 일은 곡산 관아가 해야 할 큰일 중 하나였어.

　그런데 왜 아전들 입꼬리가 올라갔냐고? 보나 마나 뭔가 욕심을 채울 일이 생긴 거지. 나무를 베고 등에 지고 옮기는 일은 백성들에게 시켰어. 무거운 나무를 지고 산길을 오르내리면 숨이 턱턱 막히겠지. 아전과 군교는 지켜보고 있다가 걸음걸이가 느려지면 사정없이 채찍질을 했어. 백성들은 차라리 많은 돈을 아전과 군교에게 바치고 이 일에서 빠지려고 했지. 돈이 생길 생각에 아전들 입꼬리가 저절로 올라간 거야.

하지만 나는 절대로 두고 볼 생각이 없었어.

"농사철이 아직 끝나지 않았다. 나무를 베는 일은 미루겠다."

아전들이 화들짝 놀라더군.

"사또, 해마다 이맘때 나무를 베었습니다."

나는 굽히지 않고 말했어.

"올해는 겨울에 베도록 하자."

아전들 입이 잔뜩 나왔지만 못 본 척했어. 농사철에 나무를 베는 일을 시키면 백성들은 농사를 짓지 못해. 그래서 아전들에게 뇌물을 많이 바쳐서라도 일에서 빠지려고 하지. 농사일이 없는 겨울에 나무를 베면 뇌물을 바치느니 그냥 일을 하러 나올 거야. 아전들이 짭짤하게 돈을 벌 기회를 내가 날려 버렸지.

그리고 나무는 겨울에 베어야 해. 겨울이 되면 나무가 더 이상 물을 빨아올리지 않으니까 벌레들도 먹을 것이 없어서 떠나거든. 그때 나무를 베면 오래 보관할 수 있단다.

물론 내겐 다른 속셈도 있었어. 뭔가 특별한 것을 만들 생각이었지. 나는 대장장이와 목수를 불렀어.

"수레를 만들어 보거라."

대장장이도 목수도 어처구니없는 표정이었지.

"사또, 여긴 산골입니다. 수레라니요? 수레를 끌고 다닐 길이 어딨습니까? 사람 하나 겨우 지나갈 만한데요."

"그렇지. 네 말이 맞다. 그래서 이 수레를 만들라는 것이다."

나는 설계도를 펼쳐 보였어. 목수와 대장장이는 눈이 휘둥그레졌지.

"유형거라는 수레다."

내가 만든 유형거는 손잡이가 바퀴 위에 있어서 자유롭게 움직일 수 있고, 폭이 좁아서 산길도 다닐 수 있어.

이윽고 겨울이 왔어. 나는 나무를 베기 위해 스무 명만 데려오라고 했어. 아전들은 소스라치게 놀랐지.

"사또, 그 인원으로는 어림없습니다. 정해진 수량을 절대로 채울 수 없지요. 백 명이 넘는 사람들이 해도 며칠이 걸리는 일입니다."

"걱정 마라. 오늘 안으로 끝낼 수 있을 것이다."

나는 미리 만들어 놓은 유형거 다섯 대를 꺼냈어. 유형거가 움직이자 모두 감탄사를 흘렸지. 겨울이라 땅이 굳어서 수레는 날듯이 산을 올라갔어.

산속에 곧게 뻗은 소나무가 빽빽했어. 정말 좋은 나무들이었어. 아전들도 군침을 흘렸지. 나라에 바치는 나무는 길이가 정해져 있어. 필요한 길이만 남겨 두고 윗동과 밑동을 잘라 내면 옮기기 쉽겠지. 하지만 아전들은 나무를 통째로 옮긴 다음 윗동과 밑동을 잘라서 따로 팔아 돈을 벌었어. 나는 그들의 마지막 헛된 꿈도 날려 버렸지. 나무를 베어 낸 다음 줄자를 이용해서 규격에 맞게 잘

라 버렸어. 미리 새끼줄로 길이를 맞춰 줄자를 준비해 두었거든.
아전들의 얼굴이 붉으락푸르락하더구나.

규격대로 잘린 나무들은 덜 무겁고 크기가 일정해서 수레에 싣
기도 쉬웠어. 유형거에 나무를 올리고 잘 묶은 다음 옮기게 했지.
좁은 산길을 유형거가 춤을 추듯 내려갔어. 수레를 끄는 백성들
얼굴에 웃음이 넘쳤단다. 채찍을 맞을 일도 없고 힘이 많이 들지
도 않았으니 신이 났지.

해가 뉘엿뉘엿 질 무렵 나무가 잔뜩 쌓였어. 사람들이 몰려와서
놀랍고 신기한 눈으로 보더구나. 유형거는 크게 인기를 끌었어.
광부들이 유형거 만드는 법을 배우러 오기도 했지. 나중에 광산마
다 모두가 유형거를 쓴다는 소리를 들으니 뿌듯했어.

유형거와 수원 화성

조선은 청나라가 쳐들어와 병자호란을 겪었어요. 청나라는 대포를 쏴서 성벽을 공격했어요. 전쟁이 끝난 뒤, 정조는 새로운 무기에 대응할 수 있는 성을 짓기로 결정했어요. 대포 공격에도 끄떡없고, 왕을 위협하는 신하들로부터도 안전한 수원 화성을 짓기로 한 거예요.

정조는 이 일을 정약용에게 맡겼어요. 정약용은 고작 2년 반 만에 수원 화성을 지었어요. 10년이 걸릴 일을 매우 짧은 시간 안에 해낸 거예요. 어떻게 가능했냐고요? 정약용은 과학 기술의 힘을 빌렸어요. 성을 쌓으려면 돌을 깨고 나르고 쌓는 일이 가장 힘들어요. 작은 돌을 여러 겹 쌓아야 대포 공격에도 끄떡없는 튼튼한 벽을 세울 수 있지만, 돌을 작고 고르게 쪼개는 일은 아주 힘들어요. 정약용은 작은 돌이 필요한 곳에는 벽돌을 사용했어요. 벽돌은 가마에서 굽기만 하면 되거든요.

수원 화성의 화서문. 반원형의 옹성은 적의 침입을 막았어요.

그리고 돌을 나르기 쉽게 유형거라는 수레를 만들었어요. 조선에서 사용하는 수레는 바퀴가 커서 무거운 돌을 실으면 바큇살이 쉽게 부러졌어요. 게다가 수레가 커서 돌을 실으면 조종하기도 어려웠지요. 유형거는 바큇살이 튼튼하고 바퀴가 짐칸 아래에 있어요. 바퀴를 이용해서 지렛대처럼 위아래로 움직일 수 있어서 짐을 싣고 부리기 쉬웠어요. 큰 수레 3대가 할 일을 작은 유형거 2대가 할 수 있고, 만들기도 쉽고 만드는 비용도 쌌지요. 바퀴가 하나인 유형거를 만들면 좁은 길로 다닐 수도 있어요. 도로를 만드는 비용도 아낄 수 있지요. 수원 화성은 유형거의 활약에 힘입어 빨리 만들 수 있었어요.

정약용은 기중소가와 녹로라는 거중기도 이용했어요. 이것은 도르레를 생각하면 돼요. 힘을 적게 들이면서 무거운 것을 들어 올릴 수 있는 장치예요.

정약용은 수원 화성을 만든 뒤 《화성성역의궤》라는 보고서에 자세하게 그림까지 곁들여서 만드는 법을 올려놓았어요. 목민관이 마음만 먹는다면 쉽게 만들어서 백성들이 편리하게 사용할 수 있었지요. 하지만 아쉽게도 그걸 만들었다는 목민관 이야기는 들리지 않았어요.

유형거

백성의 고생에 눈물겨워하다

봄이 되면 관아마다 바쁘단다. 지난 가을 백성들에게서 거둬 두었던 곡식을 나라의 창고로 옮겨야 했거든. 조선은 넓은 도로가 없어서 주로 뱃길을 이용했어. 배에 쌀을 싣고 나라의 창고로 옮겼지. 그래서 나라의 창고는 대부분 바다나 큰 강 옆에 있었어. 봄에 얼어붙었던 강이 녹으면 마을마다 쌀을 옮기느라 시끌벅적했지.

"사또, 백성들을 몇이나 모을까요?"

호방이 와서 묻더구나. 안타깝게도 곡산은 바다도 멀고 강도 멀었어. 곡식을 지게에 지거나 어깨에 메고 창고까지 옮겨야 했지.

"몇이나 필요하다고 생각하느냐?"

"적어도 삼백 명은 필요합니다."

"삼백 명이나?"

"네. 쌀가마니를 등에 지고 이틀은 꼬박 걸어가야 합니다."

애써 수확한 쌀을 세금으로 바치는 것도 모자라 그 무거운 쌀가마니를 옮기며 고생할 백성들이 안타까웠지. 시간을 내는 것도,

고생을 하는 것도 다 백성들의 몫이야. 아전이나 수령은 손해 볼 게 없지. 그러니 수백 년간 조선에서 봄철마다 이런 한심한 일이 벌어지고 있는데도 아무도 바꾸려 하지 않는 거야.

나는 목민관으로서 이것을 바꿔 보고 싶었단다. 유형거를 써서 쌀을 옮길 생각이었어. 조금 큰 유형거는 소가 끌 수도 있어. 수레 가 도저히 건너갈 수 없는 높은 고갯길을 만나면 잠깐 등에 지고 옮긴 뒤 다시 수레를 이용하면 돼.

하지만 문제가 있었어. 수레가 다니려면 길이 필요해. 우리 마을 이야 농사철이 끝나고 한가할 때 백성들을 모아서 길을 닦게 하면 되지만, 나루터까지 가려면 이웃 마을을 지나야 했지.

이웃 마을 수령을 찾아가서 넌지시 이야기해 보았어. 그랬더니

펄쩍 뛰더구나.

"길을 닦느라 백성들을 고생시킨다니 말이 되오? 게다가 길이 좋으면 적들도 쉽게 쳐들어올 게 아니오?"

들은 체도 하지 않더구나.

아주 틀린 말은 아니었어. 길을 닦으려면 백성들이 애를 써야 하지. 그러나 길을 닦는 일은 한 번만 하면 되지만 등짐을 지는 일은 매번 해야 하는 일이잖아. 뭐가 더 백성들을 위한 길일까?

마을 끝에서 유형거 위의 짐을 내려 짊어지고 떠나가는 사람들을 멀리서 바라보았어. 그들이 짊어진 짐의 무게만큼 마음이 무겁더구나.

조선의 조운 제도

나라 살림을 하려면 세금을 걷어야겠죠? 조선은 세금을 돈 대신 쌀이나 옷감으로 걷었어요. 다른 물건과 바꾸기 좋았거든요. 그런데 쌀은 무겁잖아요. 조선은 겨우 사람이나 말이 지나다닐 정도로 길이 좁아서 수레가 다닐 수 없었어요. 등에 짐을 져서 한양까지 옮기려면 무척 힘들겠죠? 그래서 쌀을 배에 싣고 바다나 강을 이용해서 옮겼어요. 강이나 바닷가에는 쌀을 보관하는 창고를 만들었지요. 이를 조운 제도라고 해요.

어쨌든 마을에서 걷은 쌀을 창고까지 옮기려면 등짐을 지고 날라야 했어요. 마을에서 강까지 길을 닦으면 유형거나 수레를 이용할 수 있었을 텐데 하지 않았지요. 세금을 공평하게 걷는 것은 당연히 중요해요. 그렇지만 세금을 현명하게 옮기는 방법도 중요해요. 백성들을 조금이라도 덜 괴롭게 하는 것이 관리의 일이니까요. 필요하다면 관리는 과학과 기술을 이용할 줄도 알아야 하지 않을까요?

배에 물건과 사람을 싣고 물길을 이용했어요.
《유운홍필 풍속도》 부분

세금을 빼돌리는 관리들

조선은 구리로 만든 동전을 돈으로 사용했어요. 틀을 만들어서 구리를 부으면 나오는 모양이 나뭇잎 같다고 해서 '엽전'이라고 불렸지요. 그런데 조선에서 구리가 귀해서 돈을 많이 찍지 못했어요. 그래서 세금을 돈 대신 쌀이나 옷감으로 걷었지요.

게다가 조선은 교통이 발달하지 않아서 쌀값이 들쑥날쑥했어요. 산골이나 도시에서는 쌀이 비쌌고, 흉년이 들어도 비쌌지요. 만약 세금을 돈으로 걷으면 쌀값이 불규칙해서 기준을 정하기 어려웠겠죠. 나쁜 수령이나 아전이 세금을 돈으로 걷은 다음, 쌀값이 쌀 때 값싸게 사서 남은 돈을 꿀꺽할 수도 있고요.

물론 이런 일을 벌이지 못하도록 감시하는 사람은 있었어요. 그래서 관직 이름도 '감사'예요. 하지만 아전의 잘못을 수령이 눈감아 주고 수령의 잘못을 감사가 눈감아 줬지요. 이들이 주고받은 뇌물은 흘러 흘러 한양의 높은 관리에게도 들어갔어요. 백성들만 피눈물 날 수밖에요.

조선 시대 엽전으로 '상평통보'라고 적혀 있어요.

엽전 구멍에 실을 꿰어 가지고 다녔어요.

백성의 고충을 헤아리다

무더운 여름에 시원한 국수가 상에 올라왔는데 얼음을 띄웠더구나.

"이 얼음은 어디에서 났느냐?"

"사또, 우리 마을에도 얼음 창고가 있습니다. 겨울에 강가에서 얼음을 깨서 날라다 보관해 둔 것입니다."

"그래? 얼음 창고라니, 구경 한번 해 볼까?"

아전 몇몇을 이끌고 얼음 창고를 보러 갔어. 나무로 만들어진 커다란 창고 문을 열고 들어가니 얼음이 차곡차곡 쌓여 있고 위에 짚이 덮였더구나.

"이런, 얼음이 거의 다 녹았네. 아까워라."

한겨울에 차가운 얼음을 등에 지고 이곳으로 날랐을 백성들의 모습이 눈에 선했어. 얼마나 고생스러웠을까. 녹아내린 얼음이 원망스러웠어.

겨울에 얼음을 깨서 나르는 일은 정말 힘들어. 얼음 창고를 짓

는 일도 힘들고, 창고를 짓는 비용도 수백 냥이 넘어. 게다가 아전들이 이 기회를 놓칠 리가 없잖아? 백성들이 움직이는 걸음걸음마다 아전들에겐 돈줄이었으니까. 나무에서도 떼어먹고 짚에서도 떼어먹으며 백성들을 우려먹었지.

곡산은 황해도 산골에 있어서 겨울이 꽤 추워. 백성들 고생이 말이 아니었지. 나는 두고 볼 수 없었어.

"올해부턴 얼음을 저장할 필요가 없다."

아전들은 또 다급해졌어. 이 좋은 돈줄을 앉아서 잃게 되었으니까.

"그렇지만 만일 사또께서 다른 데로 가시고 새로 오신 사또께서 얼음을 찾으면 어떡하지요?"

틀린 말은 아니야. 나는 곡산에 잠시 머물다 갈 뿐이거든. 새로 온 수령이 여름에 시원한 얼음을 찾으면 아전들은 이웃 마을에 얼음을 사러 가야 해. 세상에 공짜는 없으니 너무도 당연하게 백성들 주머니를 털어 사 오겠지. 그러나 나에게도 생각이 있었단다.

"걱정하지 마라."

아전은 도대체 무슨 배짱인가 싶은 얼굴로 나를 보더군.

그해 겨울이 왔어. 나는 일꾼 몇을 데리고 밖으로 나왔어. 미리 마을을 살펴 일 년 내내 그늘져서 서늘한 곳을 찾아 놨지.

"여기에 구덩이를 파도록 하자."

일꾼들은 내가 일러 준 대로 널따란 구덩이를 팠어. 그동안 나는 다른 일꾼들을 시켜서 석회와 모래와 흙을 섞어 놓도록 했지. 석회는 조선에서도 쉽게 구할 수 있어. 동해안 쪽에 석회석이 많아서 구해다가 잘게 가루로 만들면 되거든. 이렇게 세 가지를 배합해서 만들면 삼화토가 된단다. 구덩이 바닥과 벽에 삼화토를 발라 단단하게 굳혔어.

그러고는 아주 추운 날, 관아에서 일하는 노비들을 불렀어. 꽤 후한 돈을 주면서 일을 시켰지.

"우물물을 길어다가 구덩이에 부어 놓도록 해라."

물은 붓는 대로 얼어붙더구나. 구덩이 가득 물을 부으니 커다란 얼음덩이가 매우 단단하게 만들어졌어. 그 위에 거적을 덮어 두었어.

여름에 사람들을 이끌고 그곳으로 갔어.

"거적을 걷어 보아라."

거적을 걷자 얼마나 단단한지 도끼로도 쉽게 깨뜨릴 수 없는 얼음이 그대로 남아 있었어. 모두가 탄성을 질렀어.

"이게 무슨 일입니까? 얼음 창고의 얼음도 여름이 되면 반 넘게 녹아 없어지는데, 여긴 조금도 변하지 않았습니다."

"얼음 창고의 얼음은 어떻게 보관하느냐?"

"그야 강가의 얼음을 깨다가 차곡차곡 쌓아 둡지요."

"그래. 그렇게 하면 얼음 사이사이로 바람이 스며들어서 다 녹아 버리지. 하지만 이 얼음은 틈이 없으니 바람이 들어갈 구멍이 없단다. 그래서 그대로 남아 있을 수 있지."

"아!"

모두가 고개를 끄덕였어.

사실 나도 처음 해 본 것이라 조금은 간이 쪼그라들어 있었어. 혹시 얼음이 다 녹아 버렸으면 어쩌나 싶었지. 그러나 훌륭하게 성공해서 무척 뿌듯하더구나. 목민관이라면 비용도 아끼면서 백성도 편안할 수 있는 길을 끊임없이 찾아야 해. 얼음 창고도 그런 일이란다.

조선의 얼음 창고

조선은 큰 마을마다 얼음 창고가 있었어요. 겨울에 강이 얼면 얼음을 떼어다 얼음 창고에 보관했지요. 이 얼음을 주로 어디에 쓰냐고요? 관리에게 나눠 주기도 하고, 더운 여름에 병자와 죄수에게 나눠 주기도 했어요. 대부분은 여름에 생선이 썩지 않게 보관하는 데 사용했어요. 조선은 제사를 중요하게 여기는 나라예요. 바닷가 마을이 아니라면 여름 제사상에 생선을 놓을 엄두가 나지 않았죠. 얼음이 있으면 싱싱한 생선을 제사상에 올릴 수 있었어요.

임금이 사는 궁궐이 있는 한양에선 얼음이 많이 필요했어요. 백성들에게 얼음을 캐고 옮기는 힘든 일을 시키자니 마음이 좋지 않았죠. 차츰 얼음 장수에게 얼음을 사서 쓰기 시작했어요. 하지만 얼음 장수는 시골 마을까지 올 수 없었어요. 시골 관아에서 쓸 얼음은 백성들이 직접 한겨울에 강에서 떼어다가 얼음 창고에 저장했어요.

석빙고는 돌로 만든 얼음 창고예요. 조선에 석빙고는 여러 지방에 있었고, 한양에도 여러 개 있었어요. 해마다 얼음 창고를 관리하고 유지하는 데 엄청난 돈이 들었지요.

석빙고 밖(왼쪽)과 안(오른쪽). 석빙고 바깥쪽은 흙을 쌓아 올렸고, 안쪽의 벽과 천장은 돌로 쌓았어요. (대구 달성군에 있는 '달성 현풍 석빙고')

백성의 피해를 막다

군포를 걷어서 감영으로 보낼 때가 되었어. 감영은 감사가 머무르며 일하는 곳이라고 했지? 군포는 뭐냐고? 나라를 지키려면 군인도 필요하지만 돈도 필요하잖아? 국방비로 쓰기 위해 걷는 옷감을 군포라고 해. 조선에서 16세부터 60세까지 평민 남자라면 군대를 가거나 군포를 해마다 내야 했어.

군포를 감영으로 보내려고 하는데 병방이 크게 한숨을 쉬네. 군포로 한몫을 잡지 못해서 그런 줄 알았는데 아니었어.

"도대체 뭐가 그리 걱정이어서 한숨을 쉬는 것이냐?"

"사또, 감영에서 군포를 받는 아전이 아주 몹쓸 사람입니다."

"아니, 군포를 보냈으면 양이 정확한지 확인하고 받으면 되지, 몹쓸 짓을 할 게 뭐가 있단 말이냐?"

"그렇지가 않습니다요."

병방이 울상이 된 데에는 이유가 있었지.

곡산은 황해도에 있는 마을이야. 황해도 해주에 있는 감영은 황

해도 모든 마을에서 보내는 군포를 받는 곳이니 옷감이 어마어마
하게 쌓이지. 그런데 군포를 받는 아전은 옷감을 대충 훑어보고는
무조건 퇴짜를 놔. 옷감 품질이 나쁘지 않아도 걸레 취급을 하는
거야.

"이 군포는 못 쓰겠으니 다른 걸로 보내시오."

그러면 별수 없이 가지고 간 옷감을 팔고 새로 사서 바쳐야 해.
다른 마을에서 온 아전들도 모두 그런 일을 당하지. 누군가 귀띔
해 주는 말이 꼴불견이야.

"요 앞 옷감 가게에서 사야 받아 줍니다."

알고 봤더니 감영의 군포 받는 아전과 옷감 가게 상인이 한패였
지. 그 가게에 가면 상인이 바짝 다가와 웃으면서 옷감을 내밀지.

"감영에 바칠 옷감을 사려는 거죠? 여기 준비해 뒀습니다."

그 가게의 옷감은 품질이 훨씬 나쁜 데도 가격은 엄청 비싸. 병
방이 머뭇거리면 상인이 으름장을 놓아.

"비싸다면 그냥 가시오. 여기서 산 옷감이 아니면 또 퇴짜 맞을
텐데…."

울며 겨자 먹기였지. 결국 비싼 옷감을 사느라 빚을 지고 말지.
수백 냥, 심지어 천 냥까지 손해를 보기도 해.

나는 병방에게 물었어.

"그럼 빚을 지면 어찌하느냐?"

병방은 머리를 긁적이며 기어드는 소리로 말했어.

"어쩌겠습니까? 마을을 돌면서 돈을 걷었습죠."

"허허."

한숨이 나더구나. 어떻게 할까 생각하다가 보고서를 매우 꼼꼼하게 만들었어. 옷감의 길이, 품질을 자세하게 적었지. 보고서와 옷감이 한 치의 오차도 없었고, 품질도 나무랄 데 없었어. 그래도 걱정이 되더구나. 그래서 편지를 썼어.

"지금 보내는 군포는 모두 내가 직접 받아서 정확한 자로 재었는데, 품질과 길이가 나라에서 정한 규격에 딱 맞습니다. 은혜를 베풀어서 군포를 퇴짜 놓는 일이 없게 하여 백성에게 피해가 없도록 해 주시면 다시없는 다행이겠습니다."

군포를 갖고 떠나는 병방에게 편지와 함께 선물 꾸러미를 들려 보냈어. 사람의 마음이란 원래가 악한 것은 아니잖아. 수령이 직접 선물과 편지를 보냈고, 군포의 품질이나 길이가 정확하니 거절하긴 어렵겠지. 다행히 군포는 한 번에 받아 주었어. 병방은 더 이상 손해 보지 않고 돌아왔단다.

목민관은 지혜로워야 한다

하루는 이방이 긴장한 모습으로 들어섰어.

"왜 그리 얼굴빛이 좋지 않느냐?"

"사또, 올해는 큰일입니다."

"뭐가 말이냐?"

"목화가 흉년이랍니다. 마을마다 울상입니다."

"그거 정말 큰일이네."

나도 걱정이 되었어.

목화로 만드는 옷감을 면포라고 해. 면으로 된 옷감이란 뜻이지. 군포로 바치는 옷감이 면포야. 원래는 삼베였는데 면포로 바뀌었지. 목화가 흉년이 들면 면포 가격이 엄청나게 치솟겠지? 군포를 내야 하는 백성들은 힘들어질 거야. 다른 세금은 흉년이 들면 줄여 주기도 하는데, 군포는 그렇지 않았어. 조선에서 백성들을 가장 힘들게 하는 세금이 군포인 까닭도 이 때문이야. 군포를 내려고 밭을 팔고 솥을 팔고 문짝을 뜯어 팔고 자식을 팔아야 했지.

나는 고민 끝에 병방을 불렀어.

"올해는 마을 사람들에게 군포를 걷지 말도록 해라."

병방의 얼굴이 새파랗게 질렸어.

"사또, 군포를 걷지 말라니요? 그게 무슨 말씀이십니까?"

"걱정하지 마라."

병방은 고개를 갸웃거리며 물러났어.

나는 청렴이를 조용히 불렀어. 청렴이는 내가 곡산에 내려와서 눈여겨본 아이야. 제 욕심을 부리지 않고 성실하게 일을 하더구나. 청렴이에게 관아 금고에 있는 돈을 내주면서 말했어.

"청렴아, 내가 소문을 들어 보니 저 아랫마을에 목화가 풍년인 곳이 있다더구나. 거기에 가서 면포를 사 오너라."

청렴이는 돈을 들고 아주 멀리까지 배를 타고 내려갔어. 다행히 면포를 싼값으로 잔뜩 사 왔어. 그것으로 마을 사람들이 내야 할 군포를 냈지. 마을 사람들은 군포 대신 돈을 냈어. 원래 내야 하는 군포에 비하면 턱없이 적은 액수였지. 마을 사람들은 기꺼이 웃으면서 돈을 냈단다.

백성들이 피해를 보는 일이라면 목민관이 직접 나서서 해결 방법을 찾아야 해. 아전들에게 맡기면 그들은 군포를 걷는 일만 할 뿐 백성들의 처지 따윈 신경 쓰지 않거든. 아전들이 꼭 나빠서 그런 것은 아니야. 군포를 못 채우면 수령이 자리를 내놓아야 해. 그

러니 아전들이 수령에게 들들 볶이겠지. 그들도 어쩔 수 없는 일
인 거야. 그래서 목민관은 지혜로워야 한단다.

백성들을 괴롭힌 세금, 군포

나라를 지키는 일은 중요하니 국방비를 걷는 일도 당연히 중요하겠죠? 그러나 그 당연한 일 때문에 조선 백성은 죽을 지경이 되었어요. 조선은 국방비로 군포라는 세금을 걷었어요. 문제는 군포를 걷는 방식에 있었어요. 군포는 마을마다 정해진 양이 있고, 마을 사람들이 그 양만큼 채워야 했어요. 그런데 양반과 아전은 군포를 면제받아서 한 푼도 내지 않았어요. 아전과 친해도 내지 않았지요. 그러다 보니 나머지 사람들이 정해진 양을 채우려고 몇 배 더 내야 했어요. 힘없는 사람들이 실제로 내는 군포는 원래 양보다 최소 4배는 더 되었지요.

군포는 원래 16세 이상 60세 이하의 평민 남자만 내는 세금인데, 전혀 지켜지지 않았어요. 관리들은 온갖 구실을 붙여서 군포를 걷었지요. 예를 들어 아이가 태어나면 16세가 되지 않아도 군포를 걷었어요. 심지어 임신만 해도 군포를 걷었지요. 여자를 남자로 바꿔서 군포를 걷기도 했어요. 장부에 절굿공이라고 이름을 적고는 군포를 걷는 기막힌 일도 있었어요. 곡식을 찧을 때 쓰는 그 절굿공이 말이에요.

이러다 보니 군포를 내지 못해 도망치는 사람들이 많았어요. 도망간 사람의 군포는 다른 집으로 넘어갔어요. 군포는 백성들에게 끔찍한 고통이었어요.

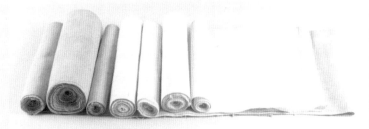

군포로 바쳤던 '면포'는 목화로 만든 면직물로, 조선에서 돈처럼 사용했어요.

금천 사람들의 억울함을 풀어 주다

감영에서 심부름꾼이 헐레벌떡 들어왔어. 아주 급한 일이라면서 감사가 보낸 편지를 갖고 왔더구나.

'40~50명의 도둑 무리가 황해도 금천을 휘젓고 다니면서 군교를 잡아다가 타이르기도 하고 토산의 관아를 습격하기도 하니 얼른 잡도록 해라.'

곡산이 발칵 뒤집혔어. 토산과 금천은 곡산의 이웃 마을이었거든. 도둑 무리가 곡산으로 들이닥칠지 모르니 두려워서 벌벌 떨었지.

"놀라지 마라."

나는 모두를 안심시켰어. 그러고 나서 생각해 보니 도둑들이라고 하기엔 뭔가 의심스러운 구석이 있었어. 그래서 싸움을 전혀 못할 것처럼 약하게 생긴 군교를 불렀지.

"포승줄 대신 이 편지를 가지고 도둑 소굴로 들어가서 전해라. 그리고 두목을 데려오도록 해라."

군교가 작은 몸을 떨며 눈물을 뚝뚝 흘리더구나.

"걱정하는 일은 일어나지 않을 것이다. 금천에 들어가서 마을 사람들이 하는 말을 들어 보고 그래도 두렵다면 돌아와도 된다."

군교는 그제야 떠났어. 사람들이 수군댔지.

"하필 스치기만 해도 부러질 듯 보이는 허약한 군교를 도둑 소굴로 보내다니, 우리 사또는 무슨 생각일까?"

"그러게 말이다. 걱정이네."

물론 나는 걱정하지 않았어. 진짜 도둑들이라면 절대로 관아를 습격하거나 군교를 잡아가지 않아. 오히려 피해 다니지. 필시 그들은 뭔가 다른 사연이 있을 거야.

내가 보낸 군교는 금천으로 가서 사람들 이야기를 들어 봤어. 무서운 도둑들이라면 금방이라도 돌아올 생각이었지. 그런데 웬걸, 사람들 이야기는 완전히 달랐어.

사연은 이러했지. 토산의 군교가 금천 사람들을 도둑으로 몰았다는 거야. 억울한 누명을 쓴 것이지. 금천 사람들은 금천의 군교를 불러다가 누명을 벗겨 달라고 부탁했어. 그런데 마을 사람들을 지켜야 할 금천의 군교가 겁에 질려서는 못 하겠다고 버텼어. 하는 수 없이 금천 사람들이 직접 토산으로 가서 사또를 만나려고 했지. 그런데 토산 관아에서 오히려 금천 사람들이 관아를 습격했다며 도둑으로 몰아 감영에 고발해 버린 거야.

내가 보낸 군교는 금천 사람들 말을 듣고 안심해서 도둑들 소굴

로 갔어. 포승줄도 없고 싸움이라곤 전혀 하지 못할 것 같은 군교를 보자 도둑들이 들어오라고 했어. 군교는 내 편지를 전했어.

"우, 우리 사또께서 두목을 데려오라고 하십니다."

군교는 몸을 떨면서 겨우 말했어.

내가 보낸 쪽지에는 이렇게 쓰여 있었지.

'너희들이 죄가 없다는 것을 안다. 내가 잘 알아서 처리할 테니 안심하고 자수하라.'

도둑 무리들은 그제야 마음이 놓여 부드럽게 말했어.

"너희 사또는 일이 왜 이렇게 되었는지 아시는구나. 너를 보낸 것만 봐도 그렇고. 그런 분이라면 우리 이야기를 잘 들어주실 것 같다. 같이 가자."

내가 보낸 군교는 이틀 뒤에 두목 세 명과 함께 돌아왔어. 모두들 가슴을 쓸어내리면서도 어찌 된 일인지 어리둥절해 하더구나.

조사해 보니 아니나 다를까 도둑으로 몰린 사람들은 모두 평범한 백성들이었어. 물론 나는 그들의 누명을 벗겨 주었지.

사실이 밝혀지자 금천 사람들은 만세를 불렀어. 금천의 수령은 나를 찾아와 고맙다고 했어.

"덕분에 마을 사람들이 살았소. 고맙소."

하마터면 마을 하나가 쑥대밭이 될 뻔했는데 잘 풀려서 다행이야.

이계심 반란 사건의 진실을 파헤치다

금천 백성들이 억울한 누명을 쓴 걸 어떻게 알았냐고? 실은 예전에 이와 비슷한 일이 있었어.

내가 아직 한양에 있을 때였어. 곡산에서 이계심이 반란을 일으켰다는 소식으로 궁궐이 발칵 뒤집혔지. 나라에선 이계심을 잡으려고 했지만 곡산 사람들이 숨겨 줘서 쉽지 않았다더구나.

"이 일을 처리할 사람은 너뿐인 듯하구나. 내려가서 곡산 사람들을 잘 다독여서 이계심을 잡도록 하거라."

정조 임금이 나를 곡산으로 보냈지. 그래서 내가 곡산으로 오게 된 거야.

곡산에 도착하자마자 갑자기 누군가 뛰쳐나와 내 발 앞에 엎드렸어.

"사또, 저는 곡산 백성 이계심이라 하옵니다."

주변에 있던 군교들이 몽둥이와 포승줄을 들고 달려들었어.

"물러서라. 보아하니 무기도 없지 않느냐? 이미 자수했으니 달아나지 않을 것이다."

군교들이 쭈뼛쭈뼛 물러섰어.

"일단 네 얘기를 들어 보도록 하마."

이계심은 마음이 놓였는지 이야기를 시작했어. 이계심은 평범한 농부였대. 어느 날, 곡산을 다스리던 사또가 갑자기 군포를 옷감으로 받지 않고 돈으로 받겠다고 했대. 문제는 돈을 올려서 받았다는 거야.

"면포 가격이 치솟았다. 군포를 9냥으로 올려 걷겠다."

사람들은 깜짝 놀랐어. 목화가 흉년이 든 것도 아니라서 면포를 사서 바치면 2냥이면 충분했거든. 그런데 9냥이나 내놓으라니 화가 날 수밖에.

이계심은 평소에도 바른말을 잘했다고 해. 그는 천 명쯤 되는 마을 사람들을 이끌고 관아로 가서 사또 앞에 엎드리고 말했어.

"도대체 갑자기 군포를 이렇게나 많이 올린 이유가 뭡니까?"

이계심이 항의하자 아전들이 호통을 쳤어.

"사또가 그러라면 그렇게 해야지 무슨 말이 많은가?"

"아무리 사또라도 틀린 것은 고쳐 줘야 하지 않소?"

이계심도 물러서지 않았어. 함께 간 마을 사람들도 외쳤지.

"옳소!"

당황한 사또가 명령했어.

"도저히 말로는 안 되겠구나. 감히 내 명령을 듣지 않겠다고 하니 버릇을 고쳐 주마. 저놈을 옥에 가둬라."

군교들이 우르르 달려들었어. 그러자 마을 사람들도 일제히 일어나서 이계심을 감쌌어. 관아는 순식간에 난장판이 되었지. 이계심을 잡으려는 사람들과 지키려는 사람들이 뒤엉켜서 한바탕 줄다리기가 펼쳐졌어. 하지만 관아 사람들이 몽둥이를 들고 마구 때리는 통에 마을 사람들은 결국 밖으로 쫓겨났지. 이계심은 마을 사람들이 꽁꽁 숨겨 버렸어. 화가 잔뜩 난 사또가 한양에 이계심이 반란을 일으켰다고 거짓으로 보고한 거야.

이야기를 다 듣고 보니 이 사건은 반란과는 달랐어. 무기를 들고 쳐들어간 것도 아니고 무엇보다 당시 사또가 군포를 갑자기 올려서 돈으로 걷은 것이 잘못이었으니까. 사또가 잘못하면 백성들은 바로잡아 달라고 말할 권리가 있어.

내 앞에 엎드린 이계심은 곡산 백성들이 괴로워하는 열 가지를 조목조목 말했어. 하나하나 옳은 말이었지. 백성을 괴롭히는 것이 아니라 보살피는 것이 목민관의 일이야. 무엇이 괴로운지 들어야 하고 잘못은 바로잡아야 하지.

나는 이계심에 대한 판결을 내렸어.

"목민관이 밝은 정치를 하지 못하는 이유는 백성들이 자기 몸만 살피느라 자신과 이웃이 받는 고통을 관리에게 항의하지 않기 때문이다. 따라서 자신과 이웃을 위해 고통을 호소한 너를 무죄로 석방한다."

구경하던 백성들이 만세를 부르며 기뻐했어. 나는 이계심에게 따뜻하게 말했어.

"너는 죽음을 두려워하지 않고 백성의 억울함을 드러내었다. 너 같은 사람은 나라에서 천금을 들여서라도 뽑아서 써야 한다. 어떤 가? 나와 함께 일해 보지 않겠는가?"

"사또, 고맙습니다. 하지만 저는 농사짓는 백성입니다. 그것이 제가 할 일이라고 생각합니다."

이계심은 그렇게 말하고 떠났어.

정조 임금에게 이 사건을 있는 그대로 올렸지. 보고서를 본 임금 도 이계심이 무죄이며 석방한 것이 옳다고 해 줬어. 나는 이 일을 겪고 나니 금천 백성들이 도둑이 아니란 것을 단번에 알아볼 수 있었단다.

강도 살인 사건을 해결하다

곡산 사람 김오선이 소를 사러 갔다가 살해당했다는 소문이 바람처럼 마을을 떠돌았어. 그래서 시신을 직접 보러 갔지. 꼼꼼하게 살펴보니 살해당한 것이 분명했어. 그런데 두 아들은 아니라는 거야.

"평소 몸이 좋지 않은 아버지가 외출했다 갑자기 쓰러지셨는데 살릴 수가 없었습니다."

이웃 사람들도 다들 그렇게 말했어. 장례를 치르고 났는데도 소문이 끊이지 않은 데다 내가 보기에도 분명 살해당한 듯했어. 칼에 찔린 자국이 선명했거든. 그런데 왜 두 아들은 아니라고 할까? 살인 사건이 일어나면 관아에서 조사한다는 핑계로 마을을 쑥대밭으로 만들었거든. 차라리 거짓말을 지어내기로 한 것 같았어.

아무래도 소를 사러 갔다는 곳으로 직접 가서 봐야 할 듯했어. 목민관은 형사가 되어야 할 때도 있거든. 그런데 다들 뜯어말리는 거야.

"아들들도 살해당하지 않았다고 하고, 높고 낮은 산들이 빼곡하고 숲이 우거진 곳이라 원래부터 도적이 많은 곳입니다. 멀기도 먼데 어찌 사또께서 직접 가시려는 겁니까?"

"살인 사건이 벌어지면 현장 조사를 해야 한다고 했느니라."

물론 혼자 간 것은 아니었어. 싸움 잘하는 무관 대장인 강진주와 군교 몇을 데리고 몰래 들어갔어. 마을 끝에 주막이 있었는데 드나드는 사람이 아주 많더군. 장사꾼도 있었고, 사냥꾼도 있었고 약초를 캐는 사람도 있었어. 낯선 사람이 드나들어도 의심받지 않았어. 물론 우린 평범한 장사치처럼 변장했지. 그곳에서 밥도 먹고 술도 마시고 잠도 자는 사람들이 많다 보니 정보를 얻을 수 있더구나. 김오선이 소를 샀다는 사실을 아는 사람이 있었어. 그러니까 누군가 소를 탐내서 강도 살인 사건을 벌인 것이지.

우린 아주 꼼꼼하게 계획을 세워서 알아보기 시작했어. 그러다가 어떤 아이 둘이 뭔가를 봤다는 이야기를 들었어. 아주 은밀한 곳에 방을 빌리고 두 아이를 조용히 불렀어. 강진주가 그 아이들이 탐낼 만한 물건도 사 주고 맛있는 과자도 사 주면서 어르고 달래고 겁도 주었더니 마침내 아이들이 얘길 하더구나.

"저희가 소를 타고 가고 있는데, 갑자기 누렁소가 나타났어요. 우린 그 소가 우리 소랑 싸우려는 줄 알고 소리를 질렀는데, 숲속에서 어떤 남자가 뛰쳐나왔어요. 가만 보니 손에는 피가 뚝뚝 흐

르는 칼이 들려 있었어요. 소 주인을 찌른 게 분명했죠. 강도가 우리를 잡으려고 손을 뻗었는데 갑자기 그 앞 구덩이에 빠졌어요. 그 틈에 겨우 도망쳤어요."

아이들 이야기는 모든 게 딱딱 들어맞았단다. 우선 강도가 칼로 찔렀다는 아이들 말대로 김오선은 칼에 찔린 상처가 있었어. 게다가 아이들은 김오선이 산 소의 색과 모양까지도 정확하게 기억하고 있었어.

나는 그 사람을 다시 보면 누군지 알겠느냐고 물었어. 정말 다행하게도 아이들이 자신 있게 말했어.

"물론입니다. 작년에 우리가 미역을 소에 싣지 못해 낑낑댈 때 도와준 적이 있어서 얼굴을 분명하게 봤습니다."

그곳 관아에 요청해서 조사를 시작했고, 강도 살인범이 누군지 알아냈단다. 이름이 김대득이라고 하더구나. 하지만 이미 숨어 버린 뒤였어. 산골짜기를 온통 뒤진 끝에 외딴곳에 숨어 있던 김대득을 찾아 자백을 받아 냈지. 그리고 곡산 사람 모두가 볼 수 있는 곳에서 처벌했어.

억울한 누명을 없게 하는 것만큼 잘못을 저질렀으면 반드시 잡아서 처벌해야 해. 법의 무서움을 보이는 것도 목민관의 일이야.

호랑이를 잡고 잔치를 벌이다

하루는 이방이 새파랗게 질려서 뛰어 들어왔어.

"사또, 큰일났습니다. 호랑이가 나타났습니다."

"호랑이가? 큰일은 큰일이구나."

이방은 매우 다급하게 말했어.

"포수를 불러올까요?"

"아니다. 그냥 동네에서 힘세고 용감한 사람들을 내일까지 불러
오너라."

"네? 포수도 겨우 잡는 호랑이를 마을 사람들에게 잡게 할 생각
이십니까?"

"불러오기만 해라. 그다음은 내가 알아서 하마."

사람들에게 제일 무서운 것이 무엇이냐고 물으면 하나같이 이렇
게 말할 거야.

"도둑과 귀신과 호랑이입니다."

곡산은 산이 가까워서 호랑이가 자주 나타났지. 산에서 내려온

호랑이에게 목숨을 잃거나 소나 돼지를 잃기도 했어. 호랑이가 무서운 나머지 산에 들어가 일하는 걸 포기한 사람들도 있었어.

호랑이로부터 마을 사람들을 지키는 일도 목민관의 일이야. 그런데 호랑이가 나타나면 수령도 벌벌 떨며 어쩔 줄 몰라 하다가 포수들을 불러 모으지. 가장 나쁜 방법이야. 왜냐고? 포수 수십 명이 마을에 들어오면 밥이며 술을 얻어먹으려고 돌아다녀.

"우리가 그 무서운 호랑이를 잡아 준다는데, 대접이 이게 뭐요?"

반찬이 마음에 들지 않는다며 상을 뒤엎고 다시 차려 오라고 행패를 부리기도 해. 제사에 쓰려고 보관해 두었던 술이나 귀한 생선을 빼앗기지. 호랑이보다 포수가 더 무섭다고 할 정도야.

사실 포수들이 공짜로 일해 주는 건 아니야. 호랑이나 다른 동물을 잡으면 팔 수 있으니 짭짤했지. 그런데도 마치 대단한 은혜라도 베푸는 것처럼 마을 사람들을 고달프게 했어.

나는 대장장이를 찾아가서 반달 모양으로 칼을 만들어 달라고 했어. 다음 날 마을 사람들이 모이자 반달 모양의 칼을 보여 주면서 호랑이 잡는 방법을 알려 주었지. 다들 어처구니없어 하더구나.

"호랑이가 얼마나 무서운지 아십니까?"

"항상 큰 호랑이만 나타나는 것은 아니다. 하지만 그래도 두렵다면 다른 방법이 있지. 호랑이가 자주 다니는 길은 알고들 있는가?"

"네, 발자국이 남아 있으니 어디에 자주 나타나는지는 알고 있습니다."

"그럼 우리 이렇게 해 보자."

나는 덫을 만드는 법을 그림을 그려서 알려 줬어. 호랑이가 자주 다니는 곳에 구덩이를 파서 아래에 창을 꽂고 대나무를 엮어 얹은 다음 그 위에 흙을 덮으면 됐어. 쉬운 방법인데도 영 시원찮은 얼굴들이었지. 물론 덫을 만들려면 시간도 필요하고 돈도 들어가. 호랑이를 잡아 오면 관아에서 상을 주긴 하지만 들어간 비용에는 미치지 못하니 시큰둥한 거지. 그래서 덧붙였어.

"듣자 하니 호랑이 가죽이 열 냥이나 한다더구나. 호랑이를 잡아 오면 가죽을 상으로 내리겠다."

"네? 정말이십니까?"

"호랑이도 잡고 돈도 벌고 얼마나 좋으냐. 물론 나도 얻는 것이 많다. 호랑이를 없앴으니 나라에선 칭찬할 테고 백성들은 기쁠 테니 말이다."

"그렇습니다. 사또."

"너희 중 제일 공이 큰 사람을 한 명 추천하여라. 그럼 군교로 삼을 것이다. 그리고 일 년 정도는 세금도 조금 깎아 주마."

마을 남자들은 의욕에 불타올라 산으로 갔고, 호랑이를 잡아 왔어. 특별히 마을 잔치를 벌여 주었지. 다들 신나서 떠들더구나.

"호랑이가 자주 나타나면 좋겠네."

"에헤, 이 사람. 호랑이가 얼마나 무서운지 벌써 잊었네."

"그래. 이제 발 뻗고 잠을 자게 된 것만 해도 어디인가."

그 말을 들으니 기분이 좋았어. 호랑이는 정말로

두렵고 해를 많이 입히지만 사람들은

호랑이보다 관아를 더 무서워해. 목민관이 백성들을 진심으로
아낀다면 호랑이도 잡고 관아도 친근하게 여길 수 있는 길을
열어야 하지.

관아 건물을 새롭게 짓다

곡산의 관아가 낡아서 수리해야 했어. 이런 큰 공사는 돈도 많이 들고 사람도 많이 필요해. 이때를 놓치지 않고 제 잇속을 채우는 사람들도 넘쳐나지. 그래서 가장 먼저 감독관을 잘 뽑아야 해. 나는 은퇴한 아전 중에 경험 많고 존경받는 사람을 감독관으로 삼았어.

큰 공사를 벌인다는 소문이 나면 재빠르게 움직이는 사람들이 있어. 산을 갖고 있는 사람들이야. 그들은 아전과 짜고 미리 아름드리나무들을 베어서 빼돌렸어. 나중에 그 나무들을 비싼 값에 팔려는 거야. 그래서 공사를 시작하기 전까지 절대 비밀에 부쳐야 해. 나는 감독관과 조용히 준비했어.

역시 문제는 돈이야. 관아의 창고에 쌓여 있는 물건을 이용하면 되지 않냐고? 그것들은 모두 백성들의 피와 땀이 서린 세금이거나 흉년에 나눠 줄 곡식이야. 만약 그것에 손을 댄다면 다시 그만큼 백성들에게서 걷어야 하지.

백성들에게 피해가 가지 않는 방법으로 돈을 마련해야 했어. 꼼꼼하게 장부를 관리하고 절약했더니 창고에 물건이 꽤 남았어. 그것들을 팔아서 돈을 마련했지. 마침 큰 바람이 불더니 나무가 몇 개 부러졌어. 즉시 나라에 보고했지. 나무는 함부로 벨 수 없기에 나무를 쓰려면 허가를 받아야 했거든. 허락을 받자 나무를 잘라서 미리 마련해 뒀어. 다행히 우리 마을에 풍년이 들었어. 그런데 다른 마을은 흉년이 들었다는 거야. 그래서 쌀을 잘 보관했다가 곡식이 떨어지는 봄에 팔아서 꽤 많은 돈을 벌었어. 그 돈도 모아 뒀지.

감독관과 나는 설계도를 만들고, 한양에서 목수를 초대했어. 물론 목수는 나를 만나러 온 손님인 것처럼 시치미를 떼고 들어왔지.

"대들보와 서까래뿐만 아니라 문지방, 심지어 빗장까지 얼마나 만들 생각인지 알려 주십시오."

목수의 말에 따라 감독관과 나는 설계도를 보면서 하나하나 알려 주었지. 그랬더니 목수가 그 자리에서 쓱쓱 계산을 하더군. 큰 소나무가 몇 그루 필요하고 중간 크기의 소나무가 얼마나 필요한지 계산했어. 비싸고 귀한 소나무 대신에 쓸 수 있는 다른 나무는 어느 정도 크기에 몇 개가 필요한지도 정리했지.

모든 게 준비되었어. 나는 관아 사람들을 모두 모으고 공사를 왜 해야 하고 어떻게 할 것인지를 발표했어. 아전들이 아쉬운 표정을 지었어. 비밀이 잘 지켜졌다는 뜻이지.

"즉시 이곳에 가서 이 크기의 나무를 베어 오너라."

나는 어디에서 어떤 나무를 베어 와야 하는지를 정해서 알려 줬어.

집을 지을 때는 바닥을 파고 깨진 기왓장이나 잔돌을 채우고 흙으로 다지느라 꽤 고생해야 해. 하지만 내게 좋은 방법이 있었지. 삼화토를 부어 며칠 두니 돌처럼 단단해졌어. 이미 얼음 창고를 만들 때 써먹었던 방법이었지. 삼화토 위에 기둥을 박아 놓으면 집이 조금도 흔들리지 않을 거야. 큰 돌은 기중소가를 이용해서 끌어 올린 다음 유형거로 실어 왔어.

공사를 한다는 소식을 듣고 마을 사람들이 옹기종기 모여들었어.

"공사를 한다고 해서 걱정했는데 오히려 좋은 구경을 하네."

"그러게나 말이야. 우리 힘 하나 안 들이고 공사하는 것은 또 처음일세."

가장 큰 골칫거린 철물이야. 철은 귀하기도 했고 값도 여기저기 다 달라서 아전들이 값을 속여서 빼돌리기 쉬웠지. 그래서 이번에도 청렴이에게 부탁했어.

"철을 파는 곳은 무게를 속이기 쉽다. 네가 직접 저울을 보고 사 오너라."

청렴이는 정확하게 철을 사 왔더구나. 나는 직접 무게를 잰 다음 대장장이에게 말했어.

"쇠의 무게가 얼마인지 잘 보았지? 이걸로 못을 만들도록 해라."

대장장이는 쇠의 무게만큼 못을 만들어 바쳤어. 물론 품삯은 넉넉하게 주었지.

다 준비된 다음 관아 식구들을 불러 모았어.

"지금 지을 집은 누구의 집이겠는가? 나와 같은 수령은 잠시 머물다 가는 손님이지만 너희는 이곳에서 오래도록 살아가야 할 주인이지 않느냐? 그러니 너희 집을 짓는 것이다. 그런데도 나와 백성들만 힘을 쓰게 하겠는가? 모두 거들도록 하자."

너도나도 발 벗고 나섰어. 나이 든 사람은 기둥을 잡아 주는 일을 했고 젊은 사람들은 톱질을 했어. 서로 번갈아 가면서 쉬었고 누군가는 노래도 불렀어. 감독관은 꼼꼼하게 장부를 정리하고 모든 과정을 기록했지. 다음에 온 수령이 그걸 본다면 손쉽게 일을 할 수 있도록 말이야.

드디어 공사가 끝났어. 정말 뿌듯했단다. 관아 식구들도 신나서 만세를 불렀지.

"낙성식은 어찌할까요?"

이방이 묻더군. 낙성식이란 집을 다 지은 다음 크게 잔치를 벌이는 일이야. 부유한 사람들을 초청해서 기부금을 내게 하려는 속셈이지.

"그럴 필요가 있느냐? 우리끼리 간단하게 축하하는 잔치를 벌이도록 하자. 모두 그동안 애썼다."

관아 식구들은 그날 밤늦게까지 신나게 즐겼어. 물론 나도 함께했지.

관아 공사는 한때 법으로 금지하기도 했어. 워낙 이것저것 빼돌리는 부패한 관리들이 많아서 백성들만 고달팠기 때문이야. 건물이 낡아도 그대로 두는 것을 무슨 대단히 깨끗한 선비 정신인 양 자랑하기도 했지. 그러나 현명한 목민관이라면 건축비를 스스로 마련할 줄도 알아야 하고, 한 푼도 낭비하지 않도록 관리 감독을 잘해야 한단다.

부역으로 고달픈 백성들

조선의 백성에겐 세 가지 의무가 있어요. 세금을 내야 했고, 군대를 가야 했고, 부역에 참여해야 했죠. 부역은 나라가 시키는 일을 대가 없이 하는 걸 말해요. 예를 들어 둑을 쌓고 도랑을 파고, 저수지 속에 있는 진흙을 파내고, 관리의 상여를 메고, 배를 끌고 목재를 운반하고, 특산품을 옮기고, 관아에서 쓸 얼음을 저장하는 일들이에요. 그 밖에도 이런 일 저런 일, 일마다 부르면 가야 했어요.

부역으로 가야 하는 곳이 너무 멀거나 바쁜 농사철이라서 일하러 가지 못하면 대신 돈을 내야 했어요. 만일 돈을 내지 않으면 아전이 머리채를 휘어잡거나 뺨을 후려치기도 하고, 베틀에 걸린 베를 끊어 가기도 하고, 솥단지를 가져가기도 했지요.

심지어 부역으로 백성들을 공짜로 부리면서 밥도 주지 않았어요. 백성들은 먹을 것을 싸 오거나, 주린 배를 달래며 일해야 했지요. 그래서 공사가 시작되면 백성들은 고달팠어요. 안타깝게도 부역은 백성들의 의무라서 피할 수도 없었답니다.

여러 재질로 만들어진 '호패'. 신분을 증명했던 '호패'는 부역을 동원하는 데 이용됐어요.

아름답게 곡산을 떠나다

곡산을 떠날 때가 되었어. 수령의 임기는 5년이지만 다 채우는 사람은 거의 없단다. 나 또한 2년이 못 되어 떠나게 되었지. 목민관은 올 때도 품위 있게 들어와야 하고 떠날 때도 품위 있게 떠나야 해. 어떤 게 품위 있게 떠나는 거냐고?

떠나라는 명령은 느닷없이 내려와. 그러면 수령들 대부분은 밀린 장부를 정리하느라 허둥댄단다. 나는 이런 날이 언제든 올 수 있으니 매달마다 장부 정리를 깔끔하게 해 두었어. 이제 얼마 남지 않은 장부만 잘 정리하면 되었지.

떠날 때가 되면 더 이상 뒷주머니를 챙길 수 없어 아쉬워하는 수령이 있어. 마지막까지 한 푼이라도 더 뜯어내려고 난리를 치기도해. 떠나면서 말 값으로 돈을 모금하는 사또도 있단다. 나라에서올 때는 말을 부리는 비용을 주지만 갈 때는 따로 말 값을 주지 않아. 이미 남은 기간의 월급을 주었으니 그걸로 여행 경비를 쓰란뜻이지. 심지어 아전에게 꾼 돈을 떼먹고 도망가는 사또도 있어.

또 새로운 사또가 들어올 때까지 버티며 공짜로 먹고 자고 지내다 가는 경우도 보았어. 품위 있게 떠나기가 이렇게 어렵단다.

떠나는 모습이 아름다운 목민관이 왜 없었겠어. 제주 목사였던 이약동은 떠나려고 배에 탔더니 손에 채찍이 들려 있었대.

"이 채찍은 섬의 것이다."

이약동은 채찍도 두고 떠났다고 해.

내 친구 한익상 이야기를 해 볼게. 한익상은 가난했지만 열심히 공부했어. 그러다가 마침내 경성이란 마을에 관리로 가게 되었지. 친구들이 모두 모여 축하했단다.

"이제 곧 살림이 펴겠네."

한익상은 그냥 웃고만 있었지.

관리가 되면 돈을 벌 수 있는 방법이 수없이 많았어. 마을에는 진귀한 보물을 선물로 바치는 사람들이 많지. 옥이나 벼루 같은 것들은 꽤 값이 나가기도 해. 그런 것만 챙겨도 짭짤하겠지.

그런데 한익상은 오히려 자기 월급을 떼어 굶주린 사람들을 도왔어. 늘 어려운 사람들을 배려했지. 그러다가 별일 아닌 일로 벌을 받아서 벼슬자리에서 쫓겨나고 말았어.

한익상이 돌아가는 날, 백성들이 모두 거리로 나와 울면서 배웅했어. 집집마다 옷감 한 필을 바치면서 말했지.

"그동안 감사했습니다. 돌아가실 때 비용으로 쓰시기 바랍니다."

그곳에는 5천 가구가 살았어. 매우 큰 마을이었지. 옷감은 두 필에 쌀 한 가마니 정도 되니 1만 냥이 넘는 큰돈이었어. 그 정도면 서울에서 작은 집을 40채는 살 수 있었지. 친구들이 했던 말처럼 살림이 펼 기회였어.

하지만 한익상은 사람들에게 말했어.

"그대들 마음은 잘 알겠소. 나는 내가 하는 일의 대가로 나라에서 이미 돈을 받았소. 나라에서 월급을 주는 이유는 이렇게 백성들에게 따로 받지 말라는 뜻이오. 그대들이 애써 일한 뒤 내는 세금이 나의 월급이었소. 그러니 이 돈은 받지 않겠소."

한익상이 집에 돌아와 보니 부엌에서 불을 지피지 못한 지 사흘째였다고 해. 쌀이 없어서 밥을 짓지 못했던 거야. 정말 찢어지게 가난했던 것이지. 못 이기는 척 옷감을 한 아름만 받아 왔어도 오랫동안 끼니 걱정은 하지 않았을 텐데. 그러나 한익상은 후회하는 빛이 하나도 없었어. 정말 멋지지? 이런 목민관이 하나쯤 있다는 사실이 백성들에게 얼마나 큰 위로가 되겠니?

모든 수령이 한익상처럼 하기는 어려워. 그래도 내가 떠나는 짐에는 곡산의 특산품이나 선물은 넣지 않았단다. 대신 책을 잔뜩 실었지. 집으로 향할 때 사람들이 깜짝 놀라더구나.

"와, 뭘 이렇게 많이도 챙기셨어요? 고래 등 같은 기와집 몇 채는 살 수 있겠네."

그러나 짐짝을 풀자 다들 놀랐지. 책이 많아서 놀랐는지 아니
면 곡산의 특산품이 하나도 없어서 놀랐는지는 모르겠어. 그렇
게 나의 곡산 생활이 끝났어.

강진에서 유배 생활을 시작하다

나를 아끼던 정조 임금이 세상을 떠나자 나를 미워하는 사람들이 나에게 유배형을 내렸단다. 유배형은 정치적인 반대편을 차마 죽이기 어려워서 만든 제도야. 임금이 사는 궁궐에서 수백 킬로미터 떨어진 곳으로 보내져 임금이 다시 부를 때까지는 나갈 수 없는 형벌이지. 나는 그렇게 해서 멀고 먼 전라도 강진으로 가게 되었단다.

네 살 때 처음 글을 읽기 시작한 뒤부터 나는 평생 백성을 위해 살아왔어. 가난하고 굶주린 사람들을 위해 울어 주는 관리가 되려고 노력했지. 하지만 유배되어 강진에 도착해 보니 백성들은 나를 전염병 보듯 하더구나. 갈 데가 없어서 강진에서 한동안 머물 곳을 찾지 못했어.

차가운 겨울바람을 맞으며 길 위에 버려진 내가 안쓰러웠는지 마을 밖 주막에서 문간방을 내어 주었어. 방은 따뜻했지. 주모가 국밥 한 그릇을 들여보내 줬어. 눈에서 굵은 눈물이 흐르더구나.

도대체 난 누굴 위해 살아온 걸까.

동네를 돌아다니면서 이제껏 보지 못했던 백성들의 진짜 생활을 보게 되었어. 글 속에 있었던 백성과는 달랐단다. 그제야 비로소 내가 왜 버려졌는지 이해가 되더구나. 백성들에 비하면 내 고통은 고통 축에도 끼지 못했지. 나는 쌀이 없어서 굶어 보지도 않았고, 군포를 내기 위해 자식을 팔지도 않았고, 환곡을 갚지 못해 관아에서 엉덩이가 으깨지도록 곤장을 맞아 보지도 않았어. 백성들의 눈에 나는 그냥 한양에서 더 가지겠다고 서로 아웅다웅 싸우다가 져서 쫓겨 온 사람이었지.

나는 백성들의 이야기를 들어주기 시작했어. 슬플 때 같이 울어 주고 기쁠 때 같이 웃어 주자 동네 사람들이 마음을 열기 시작했단다. 내게 아이들을 보내 글을 배우게 했고, 법률 같은 문제를 상담하러 오기도 했어. 그렇게 18년간을 강진에서 보냈단다.

못된 관리가 환곡으로 배를 불리다

내가 머물던 주막집은 마을에서 조금 떨어져 있어서 조용했단다. 책을 좋아하는 나에겐 그나마 다행이었지.

하루는 문간방에서 글을 읽고 있는데 마당에서 주모가 키질을 하더구나. 곡식을 방아에 넣고 찧으면 겨와 쭉정이가 섞여 있어. 먹을 수 없는 겨와 쭉정이를 골라내어 버리는 도구가 키란다. 키를 흔들면 무거운 곡식은 가라앉고 가벼운 겨와 쭉정이는 위로 날리거든.

주모가 키질을 하면서 겨와 쭉정이를 한쪽에 열심히 모아 놓더구나. 보통은 돼지에게 먹이로 주지만 주모는 돼지를 기르지 않았어. 호기심이 생겼지.

"겨와 쭉정이는 어찌 그리 소중하게 모으고 있소?"

"창고 관리인이 마을 사람들에게 미리 돈을 나누어 주고 이것을 거두어 모은답니다."

"창고 관리인이?"

"왜 그런지는 말씀드리지 않아도 아시지요?"

주모가 껄껄하며 크게 웃었지.

창고 관리인은 환곡 창고를 관리하는 사람이야. 환곡은 백성들에게 빌려주고 이자를 붙여 받는 곡식이지. 백성들은 늘 먹을 것이 모자라. 가을에 수확한 곡식을 겨우내 먹고 나면 봄에는 먹을 곡식이 똑 떨어지지. 보리를 수확하는 유월이 될 때까지 집집마다 굶주렸어. 굶어 죽지 않으려면 곡식을 빌려야 해. 나라에선 그런 백성들을 위해 봄에 곡식을 빌려주고 가을에 갚게 했어. 이것이 환곡 제도야.

물론 처음에는 백성을 위해 만든 좋은 제도였단다. 하지만 나쁜 관리들이 이걸 이용해서 마음껏 제 배를 불렸지.

강진에 사는 갑돌이 이야기를 해 볼게. 갑돌이는 열심히 일하는 부지런한 농사꾼이야. 하지만 갑돌이도 봄에 쌀이 떨어져서 쌀 열 되를 관아에서 빌렸어. 창고 관리인은 되에 곡식을 담은 뒤 손으로 쓸어서 평평하게 만들었어. 그렇게 열 되를 측정해서 주었지.

가을에 추수하자 창고 관리인이 쌀을 받으러 왔어. 열 되를 빌리면 열한 되를 갚아야 해. 곡식을 창고에 쌓아 두면 젖을 수도 있고 쥐가 먹을 수도 있으니까 관리비를 더 받는 거야. 그런데 창고 관리인은 이번에는 되에 쌀을 산처럼 수북이 담으면서 외쳤어.

"한 되요!"

갑돌이는 놀라서 나자빠질 뻔했지. 되에 수북하게 쌀을 담으면 한 되가 아니라 거의 한 되 반은 되었거든. 갑돌이가 항의했지만 창고 관리인은 되레 도끼눈을 뜨면서 혼냈어.

"네놈이 나라의 쌀을 빌릴 때는 언제고 이제 와서 갚지 않겠다는 것이냐? 어디 곤장을 맞아 볼 테냐?"

쌀을 갚지 않으면 관아에 끌려가서 곤장을 맞아. 얼마나 아픈지 한 달간 걷지도 못한단다. 갑돌이는 눈물이 났지만 어쩔 수 없었어. 옆집 사람은 항의하다가 뺨을 맞기도 했어.

창고 관리인은 그렇게 마을을 돌면서 쌀을 걷어 간 뒤 창고에 넣고 문을 닫아걸었어. 이듬해 봄에 다시 나눠 줘야 하니까 아무도 건드리면 안 되거든. 하지만 밤이 되면 창고 관리인은 몰래 창고로 들어가서 미리 모아 둔 겨와 쭉정이를 쌀과 섞었어. 그러면 쌀 한 가마니가 금세 두 가마니로 불어나지. 그렇게 쌀을 빼돌리는 거야.

다음 해 봄에 갑돌이는 또 쌀이 떨어졌어. 굶어 죽을 수는 없으니까 어쩔 수 없이 또 관아에 쌀을 빌리러 갔어. 창고 관리인은 이번에도 되에 쌀을 담아 손으로 쓸어서 평평하게 만들어 열 되를 측정했어. 그런데 쌀을 보니 겨와 쭉정이가 잔뜩 섞여 있었지. 갑돌이가 입을 삐쭉거리자 창고 관리인이 겨자씨 같은 눈을 치켜뜨며 윽박질렀어.

"싫으면 빌려 가지 말든가."

겨와 쭉정이를 섞어서 쌀을 빼돌리는 창고 관리인은 좀도둑에 불과해. 도둑질 축에도 들지 않지. 진짜 도둑들은 따로 있어. 서로 짜고서 흉년에 쌀값이 비쌀 때 쌀을 다 팔아먹고는 장부에는 있는 것처럼 꾸미는 수령과 아전이 있어. 봄에 가짜로 나눠 주는 척 꾸미고, 가을에 가짜로 거두는 척 꾸미지. 둘이 짰으니 아무도 알 방법이 없어.

백성들이 쌀을 빌리러 오면 이렇게 말하면 끝이야.

"이미 다 빌려 가고 없다."

겨와 쭉정이를 어디에 쓰려는지 물었을 때 주모가 비웃은 이유를 알겠지? 나는 그렇게 한심한 한양의 양반이었던 거야. 한양의 높은 관리들은 그저 높은 의자에 앉아서 백성들을 걱정하는 척하며 이렇게 혀를 차지.

"가을에는 좋은 곡식을 바치게 하고 봄에는 질 나쁜 곡식을 부족하게 나눠 주니 백성들이 몹시 억울할 것이다."

사실은 얼마나 꼼꼼하게 백성들의 주머니를 털어 가는지 모르는 거야.

얼마 뒤 나는 주막집에서 초가집으로 자리를 옮겼어. 내가 머무는 집을 다산 초당이라고 불렀지. 주막을 떠난 지 십 년이 지나도 창고 관리인의 동생이 다산 초당 아래 바닷가 마을을 돌아다니면서 수백 석의 겨를 사 간다는 소문이 들렸어. 목민관이 장부 관리를 꼼꼼하게 하고 직접 곡식을 걷고 나눠 주기만 해도 다 해결될 일인데, 참으로 안타깝더구나.

관리의 돈벌이 수단이 된 환곡

환곡은 멀리 삼국 시대 고구려에서부터 시작된 사회 보장 제도에 뿌리를 두고 있어요. 먹을 것이 떨어진 백성에게 쌀을 빌려줘서 도움을 주고 나중에 열심히 일해서 갚게 하는 제도였어요.

그렇지만 조선 시대로 넘어오면서 조금 바뀌었어요. 세금으로 쌀을 걷은 뒤 창고에 보관하면 쌀이 썩거나 쥐가 먹거나 오래되어 먹을 수 없게 되기도 했어요. 그래서 나라에서 걷은 쌀을 창고에 두느니 백성들에게 빌려주고 이자를 받기로 한 거예요. 100킬로그램을 빌리면 10킬로그램 정도를 이자로 받았어요.

그런데 문제가 생겼어요. 임진왜란과 병자호란을 거치고 난 뒤 국방비가 많이 필요해지자 세금을 한양으로 보내고 나면 지방 관아에는 남는 게 별로 없었어요. 지방 관아에서 쓸 운영비가 모자랐지요. 하지만 지방 관아가 마음대로 세금을 걷을 수는 없었어요. 세금은 법으로 정해 놓은 양만 걷을 수 있었거든요. 그래서 지방 관아는 환곡을 이용했어요. 환곡은 합법적으로 이자를 받을 수 있고, 돈으로 빌려줬다가 쌀로 받을 수도 있었거든요. 그러다가 점차 수령과 아전이 자신들의 배를 불리는 돈벌이 수단이 된 거예요.

환곡은 처음에는 굶주린 백성들을 구하는 좋은 제도였으나, 나중에는 터무니없는 이자로 조선의 백성들을 끔찍하게 괴롭혔어요. 백성들은 그야말로 남김없이 탈탈 털렸어요.

정약용은 경기도에 있는 적성촌이란 마을에 암행어사로 간 적이 있어요. 이때 기막힌 일을 보고 마음이 아파서 다음과 같은 시를 남겼어요.

남편은 나무하러 산에 가고 아내는 방앗간에 일하러 가고

대낮에도 문이 닫혀 그 모습 참담하다

아침 점심 다 굶다가 밤에 와서 밥을 짓고

하나뿐인 옷이라 여름까지 누더기가 된 솜옷, 겨울까지 삼베옷

들에 냉이라도 캐서 죽을 쑤려고 해도 땅이 아직 녹지 않았고

이웃집 술 익으면 그때라야 술찌끼라도 얻어먹지

지난봄에 꿔다 먹은 환곡이 다섯 말인데

갚을 길이 없으니 올해도 정말 살길이 막막하다

나졸놈들 문밖에 들이닥쳐 또 뭔가를 뺏어 갈까 겁날 뿐

관아에 끌려가 곤장 맞을 일 걱정일랑 하지 않네

- 〈적성촌에서〉 일부

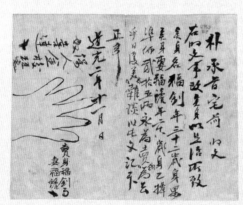

복쇠라는 사람이 생활이 어려워 자신과 자신의
부인을 25냥에 노비로 판다는 문서예요.
글자를 몰라서 이름 대신 부인의 손을 종이에
대고 그렸어요. (복쇠자매문기, 1822년)

임금이 보내는 비밀 요원, 암행어사

지방에 보낸 관리들의 부정부패가 심해지자 조선 정부는 시시때때로 암행어사를 보냈어요. 암행어사는 임금이 직접 보낸 비밀 요원이에요.

암행어사가 지방 관아에 가면 제일 먼저 환곡 창고부터 조사해요. 환곡이 얼마나 문제가 많은 제도였는지 알겠죠? 쌀에 겨나 모래가 많이 섞여 있기도 했고, 심지어 창고가 텅텅 비기도 했어요. 암행어사는 이걸 찾아내어 벌을 줬지요.

암행어사라면 꼭 가지고 다녀야 할 물건이 있었어요. 길이를 재는 도구, '자'와 부피를 재는 도구, '되'예요. 조선은 세금을 걷을 때, 똑같은 되로 측량해서 쌀을 걷고, 똑같은 자로 측량해서 옷감을 걷도록 법으로 정해 놨어요. 하지만 백성들은 알지 못했지요. 이걸 이용해서 나쁜 관리나 아전이 욕심을 채웠어요. 나라에서 정한 되보다 훨씬 큰 되로 쌀을 걷어서 나머지를 꿀꺽하는 거예요. 그래서 암행어사는 자와 되가 나라에서 정한 규격에 맞는지 조사했지요.

하지만 암행어사는 온 나라에 기껏해야 일 년에 2명 정도밖에 보내지 않았어요. 환곡 문제로 시달리는 백성들은 전국에서 넘쳐 났지만, 암행어사가 모두 바로잡기 어려웠답니다.

'되'는 곡식이나 가루의 분량을
헤아리는 데 썼어요.

'마패'는 관리가 지방에 갈 때 역참의 말을
이용할 수 있도록 발급해 준 패예요.

놀이에 정신 팔리면 목민관의 자세를 잃는다

강진은 전라도 끝에 위치한 바닷가 마을이야. 만덕산에서 바라보는 바다가 무척 아름다워. 가까운 곳에 만덕사라는 절이 있어. 경치가 좋으니까 동네 사또들이 자주 잔치를 벌였지. 잔치가 끝나면 주지 스님은 땅이 꺼져라 한숨을 쉬었어.

"사또가 가시면서 많지는 않지만 돈을 내놓으십니다. 그렇지만 곧바로 아전들이 들이닥쳐서 그 돈을 뺏어 갑니다. 정말이지 죽을 지경이죠."

하루는 만덕사에서 또 잔치가 열리는지 시끌벅적했어. 나도 도무지 글을 읽을 수 없어서 바닷가로 내려왔지. 그곳 어부들과도 꽤 친해져서 허물없이 지냈어.

마침 아는 어부를 만나서 강진 앞바다에 있는 가우도에 놀러 갔단다. 그런데 근처에서 고기를 잡는 어부들 낯빛이 어둡더구나. 어떤 사람은 아예 가슴을 치며 울기도 했어. 분명 무슨 일이 있었던 모양이야. 나는 조심스럽게 물어보았어.

"도대체 왜 그러느냐?"

어부는 잠시 만덕사를 바라보더니 얼굴을 찡그리며 이야기를 시작했어.

강진 마을의 사또가 좋아하는 기생이 있었대. 그 기생이 사또에게 등불놀이가 보고 싶다고 했다는 거야. 사또는 기생의 마음을 기쁘게 해 주려고 관아에서 일하는 사람들을 모아 놓고 말했대.

"등불을 가장 높이 매단 사람에게 큰 상을 내리겠다."

그때부터 난리가 났어. 너도나도 상을 받으려고 등불을 높이 올릴 긴 막대를 찾아 나섰지.

"뱃사람들 돛대가 가장 튼튼하면서도 긴 막대잖아."

관아 사람들이 우르르 바닷가로 몰려와서는 배마다 꽂혀 있는 돛대를 전부 빼앗아 간 거야.

어부들은 기가 막혔지. 하루하루 바다에 나가 고기를 잡아서 겨우 먹고사는데 돛대가 없어선 안 되잖아. 하는 수 없이 뱃사람들은 돈을 모아 바쳤어. 관아 사람들은 꽤 큰돈을 챙기자 돛대를 돌려줬대. 사또에겐 하나의 즐거운 놀이였겠지만 어부들은 영문도 모르고 돈을 뜯긴 거야.

"허허, 참 몹쓸 사람들이네."

내가 혀를 찼더니 어부가 고개를 절레절레 흔들었어. 그게 전부가 아니었던 모양이야. 아전들이 음흉한 얼굴로 어부들에게 말했대.

"사또께서 너희같이 어리석고 성질 사나운 어부들 때문에 늘 고생이 많으시다. 그 은혜에 보답해야지 않겠니? 배 한 척당 2냥씩이면 너희도 부담이 없을 것이고 사또도 즐겁게 노실 수 있을 거야."

정말 도둑놈이 따로 없지? 그게 끝이 아니었어.

강진 앞바다는 썰물 때가 되면 넓은 갯벌이 훤하게 드러나. 그러면 어부들이 갯벌에 통발을 놔둬. 통 모양으로 생긴 고기잡이 기구를 통발이라고 해. 밀물 때 몰려온 물고기들이 통발에 들어가 있으면 썰물 때 걷었지. 어부들에겐 매우 소중했어. 통발로 잡은 물고기를 팔아 쌀도 사고 소금도 사고 했거든. 하지만 물고기를 건져 올릴 때가 되자 기다렸다는 듯이 관아 사람들이 나타났대.

"와, 저기 통발에 물고기가 가득하네. 이번 잔치에 쓰면 좋겠다. 엄청 큰 숭어도 있네. 이맘때 숭어는 맛이 기막히지. 뭣들 하느냐. 얼른 여기 담아라."

그렇게 물고기를 싹 챙겨 갔어. 탈탈 털린 어부들이 넋이 나갈 수밖에 없었겠지.

해가 질 때, 노를 저어 갈대와 버들 사이를 지나 집으로 가자니 산 중턱에 있는 만덕사가 보이더구나. 붉고 푸른 옷이 너울너울 춤을 추고, 피리와 장구 소리가 흥겹게 울리고 있었어. 강진 사또

는 어부들이 눈을 흘기고 저주하고 욕하는 줄은 모른 채 놀이에 정신이 팔려 있더구나. 과연 이 사람을 백성의 어버이인 목민관이라고 할 수 있을까? 한숨이 나왔어.

전염병이 돌면 백성을 구해야 한다

《경국대전》은 조선을 다스리는 법전이야. 《경국대전》에 이런 법률 조항이 있어.

"환자가 가난하여 약을 살 수 없으면 관아에서 내주어야 하고, 지방에서도 지방 관아가 내주어야 한다."

조선은 의사가 매우 드물어. 특히 시골엔 의사가 거의 없단다. 목민관은 대부분 가난한 시골에서 일하는데 시골이라고 해서 사람들이 병에 걸리지 않는 것은 아니잖아? 특히 전염병이 돌면 시골 마을은 손도 쓰지 못하는 경우가 많아. 목민관은 간단한 의술을 배우거나 의학서를 늘 준비해 두고 급할 때 응급 처치를 할 수 있어야 하지.

흉년이 들면 사람들이 굶주리니까 몸이 허약해져서 전염병이 뒤를 이어 나타나곤 해. 강진에서도 그랬어. 끔찍한 흉년이 끝나고 봄이 되어 날씨가 따뜻해지자 전염병이 유행했어. 염병이 퍼져 열이 펄펄 끓고 설사를 계속 해대는 사람들이 늘었지만 속수무책이

었지. 약도 없고 병원도 없고 관아는 너무 멀어 방법이 없으니 백성들은 그저 초점 없는 눈으로 하늘만 멀거니 바라보았어. 그 모습이 안타깝기 그지없었단다. 약을 구하러 관아로 가다가 길바닥에서 죽은 사람들도 있었고, 관아 앞에서 차례를 기다리다가 죽은 사람들도 많았어. 사또는 아예 전염병이 옮을까 봐 두려워 관아 깊은 곳에서 꼼짝도 하지 않았어.

손 놓고 있어선 안 되겠다 싶어서 내가 나섰단다. 나는 중국에서 염병에 효과를 봤다는 처방을 이용해서 처방전을 쓰기 시작했어. 내 처방전을 보고 처음엔 다들 긴가민가하더구나. 하지만 물에 빠지면 지푸라기라도 잡고 싶은 것이 사람들 마음이지. 몇몇이 내가 써 준 처방대로 약을 구해다 먹었는데 거짓말처럼 병이 나았어. 그러자 문지방이 닳을 만큼 사람들이 찾아왔고 나는 모두에게 정성껏 처방전을 써 주었어. 그렇게 강진의 수많은 사람들이 목숨을 건질 수 있었단다.

물론 조선 관리들이 모두 강진의 사또 같지는 않아. 조선 관리 중 가장 높은 자리인 영의정을 지낸 허적이란 분이 있어. 이분은 전염병 환자가 머무는 곳에 직접 가서 살피고 돌봐 주기까지 했단다.

나라에선 세금을 무섭게 걷어 가잖아. 그건 백성이 아프고 힘들 때 나라가 도움을 주겠다는 뜻이 아니겠니? 허적이 환자들을 찾아왔을 때, 그들은 모두 이렇게 생각했을 거야.

"나라가 나를 버리지 않았구나."

얼마나 마음이 놓였을까. 나라가 백성에게 뭔가를 요구하려면 당연히 백성을 정성껏 돌봐야 해. 진정한 목민관이라면 전염병이 옮을까 봐 무서워서 숨어선 안 되겠지? 평소에 의학을 공부해 두면 좋지만, 그럴 수 없다면 적어도 아픈 사람들에게 도움을 줄 수 있는 방법을 찾아야 하지.

가장 무서운 전염병, 두창

조선 백성들이 가장 무서워한 전염병은 '두창'이었어요. 호랑이에게 물려 죽는 것과 더불어 두창에 걸리는 걸 가장 무서워했지요. 두창에 걸리면 절반은 죽었고, 운이 좋게 살아도 얼굴에 자국이 남았어요. 너무 무서운 나머지 두창을 '마마'라고 높여서 부르기도 했어요.

정약용이 곡산에서 일할 때에도 마을에 두창이 번진 적이 있어요. 정약용은 마을 사람들을 살리기 위해 온 힘을 쏟았어요. 사람들은 전염병에 걸리면 무서운 귀신이 들어왔다고 여겼어요. 정약용은 잘못된 생각을 바로잡으며 사람들을 안심시켰어요.

"전염병이란 바람을 타고 옮는 것이지 귀신이 들린 것이 아니다. 모두 입마개를 하고 바람 방향을 피하도록 해라. 또한 사람들 사이에 거리를 두도록 하여라."

정약용은 마을을 직접 돌아다니면서 사람들을 돌봤어요. 관아 창고를 열어 죽을 쒀서 나눠 주기도 했어요. 잘 먹고 잘 쉰 사람들은 회복도 빨랐지요. 약을 살 돈이 없는 사람들에겐 공짜로 나눠 주기도 했어요.

정약용은 조선과 중국의 의학서를 모조리 구해서 연구했어요. 나중에는 조선의 제일가는 두창 전문가가 되어 있었지요. 정약용은 두창을 예방하는 종두법을 처음으로 시행하기도 했답니다.

조선의 관리 오명항의 초상화로 얼굴에
두창을 앓고 난 뒤 생긴 마맛자국이 있어요.

천하무적 악당을 처단하다

강진 마을 사람들 사이에 이상한 소문이 돌고 있었어. 아전들이 돈놀이를 한다는 거야. 돈을 빌려주고 이자를 받는 일이 불법은 아니니 문제는 그게 아니었어. 말도 안 되는 이자를 받았던 거야. 돈을 빌린 사람들은 옥에 갇히거나 곤장을 맞을 일이 두려워서 울며 겨자 먹기로 높은 이자를 내야 했어. 돈을 못 갚으면 값나가는 물건들을 모조리 빼앗겼지. 심지어 밭을 빼앗기기도 했어. 나라에서 정한 이자는 아무리 높아도 10냥을 빌리면 2냥을 넘겨선 안돼. 이자 대신 물건이나 땅을 함부로 뺏을 수 없게 되어 있지.

알고 보니 강진뿐만 아니라 전라도 전체에서 돈놀이에 당한 사람들이 수두룩했어. 수령도 꼼짝 못 하는 검은 조직이 있다는 거야. 심지어 그 우두머리가 전라도 감영에서 일하는 아전이었지. 전라도 감영은 전라도에 있는 모든 관아를 다스리는 곳이야. 이런 곳에서 일하는 아전이 검은 조직의 우두머리라니! 이름이 최치봉이라고 했어.

최치봉은 수십만 냥의 돈을 굴렸어. 전라도 각각의 관아에서 일하는 아전들에게 그 돈을 주고는 돈놀이를 시켰지. 최치봉 일당은 높은 이자를 받는 데 만족하지 않았어. 아전은 관아의 물건들을 사고파는 일을 담당하잖아. 돈놀이로 번 돈을 이용해서 관아의 물건들을 사고팔면서 또 돈을 불렸지. 물건값이 이유없이 치솟았어.

이 지경이 되었는데 수령들이 가만히 있었냐고? 최치봉은 전라도 감영의 아전이잖아. 교활하게도 자신의 지위를 이용했어. 감영의 조사관을 꾀어 마을 수령들을 뒷조사한 보고를 감사 대신 직접 받았지. 수령들의 약점을 잡아서 꼼짝 못 하게 하려는 속셈이야. 약점이 없는 수령은 괜찮지 않냐고? 그럼 헛소문을 만들어서 보고서에 넣었어. 없는 죄도 만들어 버렸지.

그뿐이 아니야. 최치봉은 한양에 있는 높으신 양반들에게도 뇌물을 보내 자기편으로 만들어 놨어. 전라도는 높으신 양반들이 유배를 많이 오는 곳이야. 그중에는 유배가 풀리면 다시 높은 벼슬에 오르는 이들도 있어. 최치봉은 양반들이 유배 왔을 때 잘 대접하고 뇌물을 바치면서 자기편으로 만들어 놨어.

이쯤 되니 전라도는 완전히 최치봉 손안에 있었어. 아무도 건드릴 수 없는 천하무적 악당이 된 거지.

그 무렵, 이노익이 전라도 감사가 되었어. 이노익은 최치봉을 잡으려면 확실한 증거를 가지고 빠른 시간 안에 해치워야 된다고 생

각했어. 조금만 틈이 생
겨도 최치봉이 증거를 없애
버리고, 증인을 빼돌릴 테니까.

이노익은 전라도 감사로 내려오기 전
에 이미 가장 믿을 만한 사람을 몰래 내려보
내서 최치봉을 조사하게 했어. 만일 최치봉 일당
에게 걸리면 쥐도 새도 모르게 잡혀서 죽을지도 모르
는 위험한 일이었어.

한편 최치봉도 감사가 새로 내려온다는 소식을 듣고 준비했어.
자신을 뒷조사할지 모르니 모든 아전들을 입단속시켰지. 하지만
최치봉이 전혀 예상하지 못한 일이 벌어졌어. 이노익이 이삿짐을
채 풀기도 전에 최치봉을 체포해서 옥에 가둬 버린 거야.

"네 죄는 죽어 마땅하다!"

최치봉의 잘못은 이미 이노익의 손에 낱낱이 들려 있었지. 최치
봉은 곤장을 맞았어. 최치봉은 이노익이 자기를 가만두지 않으리
란 걸 깨달았어. 뇌물도 안 통하고 거짓말도 안 통했거든. 그래서
옥에 갇힌 자신을 만나러 온 세 아들에게 조용히 말했어.

"지금 즉시 한양으로 가거라. 일러 주는 사람들을 만나서 내가
죽게 되었다고 말해라."

아들들은 즉시 한양으로 떠났어. 한양에는 최치봉에게 뇌물을

받은 높은 벼슬아치들이 있었어. 그들의 힘이라면 최치봉을 빼낼 수 있겠지?

조선은 법에 의해 다스려지는 나름 법치 국가야. 큰 죄를 지으면 재판을 세 번 받을 수 있어. 마을 수령에게 한 번, 감영의 감사에게 한 번, 다시 한양에서 한 번. 세 번의 재판을 받는 기간은 무려 4년 정도 걸려. 무엇보다 임금의 백성을 아무나 죽일 수는 없기 때문에 사형만은 임금이 직접 형벌을 내렸어.

최치봉은 이것을 이용할 생각이었어. 높은 사람들에게 부탁해서 한양에서 재판을 받으려는 거지. 한양의 감옥으로 이동해서 편하게 지내다 보면 시간이 아주 많이 흐를 거야. 그동안 전라 감사 이노익은 임기가 끝나서 떠나 버릴 테고, 전라도의 마을마다 수령도 다 바뀔 거야. 증인들은 사라지고 증거도 없어지겠지?

수령이나 감사는 체포할 수는 있지만 마음대로 형벌을 내릴 수는 없어. 수령이 내릴 수 있는 최고의 벌은 곤장으로 볼기를 50대까지 때리는 거야. 감사는 곤장 60대까지 칠 수 있어. 최치봉은 한양에 보낸 아들들이 자신을 구하러 올 때까지 버티려고 했어. 그래서인지 그 무시무시한 곤장을 맞고도 살아 있었지.

이노익이 아무리 전라 감사라고 해도 법을 어길 수 없었단다. 곤장 60대를 때렸는데 또다시 형벌을 내릴 수 없었지. 하지만 이노익은 교활한 악당을 이번에 확실히 처벌하려고 단단히 별렀어. 마을의 수령이라면 최대 50대까지 칠 수 있잖아? 다음 마을로 보내면 또 50대를 칠 수 있겠지? 이렇게 최치봉이 죽을 때까지 마을을 돌면서 곤장을 때리는 거지.

최치봉은 이를 악물고 버텼어. 하지만 고창 마을에 갇힌 뒤 더 이상은 자신이 살 수 없다는 걸 깨달았어. 그래서 고창 수령에게 매달렸어.

"나를 하루만 살려 주시오. 어차피 오늘 죽으나 내일 죽으나 마찬가지 아니오. 하루만 살려 주시면 사또가 원하는 것은 무엇이든 다 해드리겠소."

고창 사또는 마음이 흔들렸지. 어차피 죽을 목숨 하루 더 살려 준다고 달라질 게 없을 테니까. 인정을 베풀고 어쩌면 엄청난 보답을 받을 수 있을지 모르잖아. 하지만 이노익은 이것도 미리 예상하고 있었어. 최치봉을 보내 놓고 무섭게 재촉했지.

"최치봉은 시간을 벌려고 할 것이다. 한시도 늦추지 말고 반드시 물고장을 올리도록 하시오!"

물고장은 죄인이 죽은 사실을 적은 글이야. 사형을 시킬 권한이 없는 수령이 죄인을 죽인 다음 뒤늦게 올리는 보고서가 물고장이지. 물론 나중에 정당한 처벌이었는지 조사를 하겠지만, 물고장은 수령에게 허용된 권리였어. 즉 이노익이 물고장을 올리라는 명령은 당장 곤장을 쳐서 최치봉을 살려 두지 말라는 뜻이었지. 고창 사또도 최치봉에게 가할 수 있는 가장 빠른 형벌이 죽음이란 사실을 인정했어.

하루만 지나면 아들들이 한양에서 뇌물로 해결해 주리라 믿었지만, 그 하루를 벌지 못한 최치봉은 결국 죽음을 맞이했지. 전라도를 뒤흔들었던 악당 최치봉이 관아에서 매 맞아 죽었다는 소문은 순식간에 퍼졌어. 최치봉 일당이 모두 처벌받진 않았지만, 우두머리를 처벌하는 것만으로도 충분히 두려움을 알게 되었을 거야.

목민관은 일하는 요령도 갖춰야 한다

내가 머무는 다산 초당에 차츰 마을 사람들이 드나들었어. 억울한 일을 하소연하러 오는 경우가 많았는데, 고소 고발 사건이 가장 많았어. 조선에선 마을 수령이 재판도 맡았어. 사또가 검사이고 판사였지.

어느 날 강진 사람이 나를 찾아왔어. 너무 원통해서 어디다 말을 해야 할지 모르겠다는 거야.

"나는 유배 온 사람일 뿐이니 관아를 찾아가는 게 어떻겠소?"

강진 사람이 어처구니없다는 듯이 나를 보더구나.

"제가 찾아가지 않은 줄 아십니까? 바쁜 농사철에 시간을 내서 아침 일찍 갔더니 우선 문지기가 문을 열어 주질 않습니다. 관아 문 앞에 저 말고도 사람들이 늘어서 있는데 문은 꼼짝도 하지 않았어요. 그런데 문이 빼꼼 열리더니 어떤 사람 하나만 얼른 들여보내고 다시 닫혔습니다."

"그 사람은 왜?"

"알고 보니 문지기에게 돈을 쥐여 줬지 뭡니까."

"허허."

"그래서 저도 마음도 급하고 내일 다시 올 수도 없고 해서 가지고 있던 돈을 탈탈 털어서 뇌물을 주고 일단 안으로 들어갔지요."

"그래서 고소장은 냈소?"

"아유, 말도 마십시오. 안에 들어가니 눈이 부리부리한 사람이 몽둥이와 곤장을 들고 서 있고, 마당에선 곤장 치는 소리와 비명 소리가 들렸습니다. 정신이 나가서 다리가 후들거리더군요."

강진 사람은 겨우 정신을 차린 뒤 아전 앞에 가서 개구리처럼 엎드려 억울한 사연을 이야기했어. 아전은 알아보기 어려운 글자로 뭔가를 적더니 가 보라고 했어. 강진 사람이 마음이 급해서 물었지.

"언제 처리해 주실 건가요?"

아전이 눈을 부릅뜨며 말했어.

"때가 되면 처리해 줄 것이다. 이놈이 맞아야 정신을 차리려나?"

강진 사람은 겁에 질려서 부리나케 집에 왔어. 물론 관아에선 해가 바뀌도록 답이 없었지.

하지만 죄인 신분으로 유배 중인 내가 무얼 할 수 있겠니? 그저 말을 들어주고 같이 아파해 주는 것밖에. 백성들이 고소 고발 한 번 하는 게 이렇게 어렵고, 재판은 더 어려운 이유는 뭘까?

수령이 되어 마을에 오면 산더미 같은 보고서가 쌓여 있어. 거의

아전들이 작성한 것들이야. 한문을 잘 아는 아전도 있지만 대부분
은 그렇지 않아. 그럼 아전들은 보고서를 어떻게 썼냐고? '이두'라
는 문자를 사용해서 자기들만 알아볼 수 있게 썼단다. 한문을 잘
아는 수령도 이두는 거의 알지 못해. 그러니 보고서를 읽을 수가
없지.

"이건 무슨 사건인고?"

아전에게 물으면 이상하게 꼬아서 말한단다. 아전에게 뇌물을 바친 사람, 아전과 친한 사람에게 유리하도록 말이야. 수령은 뭔가 귀찮은 사건으로 보이거나 잘 모르겠으면 아전에게 넘겨 버리지.

"마을 사람들끼리 다툰 일은 마을에서 처리하는 것이 좋겠지? 알아서 처리하도록 해라."

"네, 알겠습니다."

힘없는 사람들, 뇌물을 바치지 않은 사람들만 결국 없는 죄를 뒤집어쓰는 거야. 마을의 양반이나 부자들과 얽힌 사건이면 고소나 고발을 해 봐야 오히려 곤장이나 맞게 되지.

과거시험을 볼 정도의 한문 실력이면 이두는 금방 배울 수 있어. 양반이 이두를 배우는 게 아전이 한문을 배우는 것보다 수천 배는 쉽지. 나는 곡산에서 수령으로 일을 해 보았고, 관리로 오래 일했기 때문에 산더미 같은 문서를 빠르게 처리하는 요령도 알아. 문서를 읽어 보고 급한 것과 급하지 않은 것으로 구분한 뒤, 급한 것부터 처리하고 나머지는 시간이 날 때마다 하나하나 조사하면 돼. 또 비슷한 사건들을 모아서 비슷한 판결을 내리면 되지. 이런 식으로 처리하면 일이 금방 끝난단다. 목민관이 일하는 요령을 아는 것은 매우 중요해.

목민관은 현명한 판결을 내릴 수 있어야 한다

재판 얘기가 나왔으니 어느 목민관의 현명한 판결 이야기를 해볼게. 고려 시대 손변이란 분이 경상도에 관리로 있을 때 일어난 이야기야.

어느 아버지가 죽으면서 모든 재산을 첫째인 딸에게 물려주고, 둘째인 아들에게는 고작 모자 하나와 좋은 옷 한 벌, 신발 한 켤레, 그리고 종이 한 묶음을 준다는 유언장을 남겼어. 아들이 성인이 되고 보니 말이 안 되는 거야. 그래서 자기에게도 재산을 나눠 달라고 재판을 걸었지. 딸은 아버지가 남긴 유언장을 들이대면서 거절했어.

손변은 남매를 데려오라고 했어.

"너희 아버지가 죽을 때 너희 나이는 몇 살이며 너희 어머니는 어디 있었느냐?"

"어머니는 먼저 돌아가셨고 저는 이미 결혼했어요. 동생은 더벅머리 꼬마였습니다."

누나가 제법 또박또박 말했어. 손변은 조용히 고개를 끄덕였어.

"아버지는 너희를 참으로 아끼신 게 분명하다."

"어째서요? 아버지께선 전 재산을 누나에게 주셨는걸요?"

동생은 억울한지 볼멘소리로 말했어.

"부모가 어느 자식에겐 잘해 주고 어느 자식에겐 못해 줄 리 있겠느냐. 보아하니 너희 아버지는 참으로 훌륭하다. 동생은 재산을 하나도 받지 못했다고는 하지만 누나가 잘 보살핀 덕에 잘 자랐지 않느냐."

그래도 동생은 물러서지 않았어.

"제게 돈 한 푼도 남기지 않으신 걸 보면 절 미워하신 게 분명합니다."

"남겨 놓은 재산을 보아하니 그리 넉넉하지 않더구나. 만일 그걸 둘에게 나눴다면 다른 친척도 없는데 누나가 널 보살피기 어려웠을 것이다. 그리고 어린 나이에 재산을 갖고 있다가 나쁜 꼬임에라도 빠지면 다 잃을 수 있지 않느냐."

그제야 누나는 조금 이해한 듯이 눈빛이 촉촉해졌어. 하지만 동생은 여전히 잘 모르는 듯했지. 손변은 동생에게 부드럽게 물었어.

"오늘 네가 여기 올 때 쓰고 온 모자와 입고 온 옷과 신고 온 신발은 어디서 났느냐?"

"아버지께서 남겨 주신 옷과 신발입니다."

"억울하다는 사연은 어디다 써서 올렸지?"

"아버지께서 남겨 주신 종이입니다."

"그래도 모르겠느냐? 아버지는 네가 그 모자를 쓰고 그 옷을 입고 그 신발을 신을 나이가 되면 억울한 사연을 써서 올려 보란 뜻으로 그런 것이다. 반드시 그 뜻을 알아줄 관리가 있으리라 믿은 것이지."

그제야 동생의 눈가가 붉어졌어. 아버지의 뜻을 알게 된 남매는 서로 부둥켜안고 울었지. 손변은 재산을 둘에게 반씩 나눠 줬어.

누나는 아버지의 재산이 있으니 남편 눈치를 보지 않고 동생을 잘 돌볼 수 있었어. 동생은 그 재산 덕분에 잘 자랄 수 있었고. 결국 어른이 되어서는 누나가 잘 지킨 재산의 절반을 나눠 받을 수 있었어. 어린 아들을 두고 세상을 떠나야 했던 아버지는 결혼한 딸이 동생을 지킬 수 있는 방법을 찾아냈고, 지혜로운 목민관은 아버지의 마음을 읽었지. 결국 남매는 아버지의 뜻을 따라 사이좋게 지낼 수 있었던 거야.

살인 사건이 일어나면 마을이 쑥대밭이 된다

강진 아랫마을에서 사람이 죽었어. 이 사실이 알려지자 마을 사람들 얼굴이 노래지더니 한두 사람씩 허둥지둥 도망치는 거야.

"자네가 죽인 것도 아닌데 왜 도망을 가는가?"

지나가는 사람을 불러 물었지.

"아이고, 가만히 집에 있다가는 큰일이 납니다요."

사연을 들어 봤지. 어느 마을에서 살인 사건이 벌어졌었대. 당연히 신고했지. 그러자 범인이 아닌데도 친척이라거나 증인이라거나 이웃 사람이라는 이유로 마을 사람들을 모조리 불러다가 조사했대. 조사하는 동안 감옥에 가두고 말이야. 그렇게 조사를 몇 차례 받느라 몇 개월을 감옥에서 살아야 했지.

감옥은 갇히기만 하는 게 아니야. 감옥에는 감옥만의 규칙이 있어서 들어가면 들어간다고 한턱을 내야 해. 또 칼이라고 하는 것을 목에 씌우기도 하는데 그걸 벗으면 벗는다고 또 한턱을 내야 해. 겨울엔 온돌 비용을 내야 하고, 감옥에서 먹는 밥값도 자기 돈으로

치러야 하지. 이러느라 집안이 거덜나지. 그래서 마을 사람들이
도망치고 있었던 거야.

아랫마을로 내려가 봤어. 정말로 아전과 군교가 집집마다 들이
닥쳐서 고래고래 소리를 지르고 있었어.

"여기 증인이 어디로 갔어? 이웃 사람은 또 어디로 갔고?"

살인범을 잡는 게 아니라 증인이나 이웃 사람을 불러 조사하는
데 안달이 나 있었지. 집집마다 돌아다니면서 노인을 묶어서 닦달
하고 여인을 붙잡고 호통쳤어. 가난한 시골집에서 값나가는 물건

이라곤 솥 하나 뿐인데 솥을 빼앗아 가고, 돼지와 송아지도 몰아 가고, 항아리를 찾아 들고 가고, 짜 놓은 옷감도 가져갔지.

그들이 떠난 뒤 마을은 난장판이 됐어. 사람을 찾는다고 창문이란 창문은 다 부숴 놨고, 솥이 사라진 부엌은 쓸쓸했어. 마을 사람들의 울음소리만 들려왔지.

그런데 이걸로 끝이 아니었어. 마을 수령이 현장 조사를 한다고 나타났어. 휘황찬란한 깃발이 나부끼고 말들이 푸푸거리는 소리가 거리에 가득했지. 양산을 쓴 무리가 끝도 없이 이어졌어. 관아

에서 일하는 사람은 다 온 듯했지.

"돗자리 내오너라. 술잔을 내오너라. 밥상을 내오너라."

수령 앞에서 아전들이 소리치며 집집마다 돌아다녔어. 마을 사람들은 반은 얼이 빠진 채 관아에서 나온 사람들을 대접해야 했지.

이렇게 살인 사건이 한 번 일어나면 마을이 쑥대밭이 되더구나. 그래서였을까. 마을에선 누군가 죽으면 쉬쉬해. 마을 사람들이 돈을 모아 피해자의 가족에게 가져다주면서 제발 관아에 신고하지 말라고 부탁하지. 범인은 달아나게 내버려 두고 얼른 장례를 치러. 피해자 가족으로선 원통하지만 어쩔 수가 없어. 어떤 마을에선 노인 한 분에게 범인을 지키게 하고 아예 모두 마을을 버리고 떠나기도 했어.

사람이 죽으면 관아에 신고해서 범인을 벌주고 죽은 사람의 억울함을 풀어 주는 게 당연하잖아? 그런데 사람들이 오죽했으면 살인 사건을 그냥 덮어 버리려고 했을까. 목민관은 백성들 마음을 잘 헤아려야 해. 현명한 목민관은 판결도 정확해야 하지만 이런 피해가 생기지 않도록 노력해야 해.

현명한 재판관이 되어야 하는 목민관

정약용은 관직에 있으면서 여러 재판을 직접 해 보거나 재판 과정을 지켜봤어요. 정약용은 오랜 재판 경험을 바탕으로 책을 썼어요. 《흠흠신서》라는 제목의 책이에요. '흠흠'이란 말은 재판에 불려 온 죄수들을 안타깝게 바라보며 신중하게 재판을 한다는 뜻이에요.

조선의 과거시험엔 법률과 재판에 대해 공부할 수 있는 과목이 없었어요. 직접 배워야 하는데 교과서도 없었지요. 목민관은 재판을 많이 해야 하는 자리예요. 그런데 목민관이 법률도 잘 모르고, 경험도 없고, 공부할 기회도 없이 지방에 내려갔는데 살인 사건을 맞닥뜨리면 어떻게 했을까요? 형방에게 알아서 처리하라고 미루기도 했어요. 지방 관아에서는 형방이 이런 일을 오래 해 왔기 때문이에요. 혹은 목민관의 얕은 지식으로 가볍게 처리해 버리기도 했지요.

사람의 목숨과 관련된 일을 소홀하게 다뤄서는 안 돼요. 억울한 누명을 쓰는 일도 없어야 하겠지만, 진실을 밝혀서 억울한 죽음을 당한 사람과 그 가족들의 원한도 풀어 주어야 해요. 그래서 정약용이 《흠흠신서》를 쓴 거예요.

관아에서 재판이 벌어지는 광경을 그린 그림이에요.

백성의 것을 함부로 가져가서는 안 된다

내가 머물고 있는 다산 초당에서 서쪽으로 조금 떨어진 곳에 가난한 선비가 살고 있었어. 운이 좋게도 귤을 성공적으로 재배했지. 귤은 귀한 과일이라 이것을 팔면 먹고살 수 있었어. 겨울에 노랗게 익은 귤은 멀리서 보기에도 탐스러웠지.

하루는 선비 집 앞을 지나는데 온 식구가 마당에 앉아 울고 있었어.

"왜 울고 계시오?"

내가 물었더니 선비의 아내가 눈물을 훔치면서 손으로 귤 밭을 가리키는 거야. 선비가 땀을 뻘뻘 흘리면서 귤나무를 도끼로 찍어 넘어뜨리고 있었어.

"이게 무슨 일이오? 왜 이러시오?"

급하게 달려가 말렸지만 막무가내였지. 나무를 다 베고 난 뒤 선비는 울음 섞인 소리로 말했어.

"이 나무는 재앙의 씨앗이요. 그냥 두면 온 마을이 큰 재앙을 입을 것이오."

재앙이라니. 이게 무슨 말인지 도대체 알 수 없었어. 하지만 얼마 지나지 않아 선비가 왜 그랬는지 이해되었지.

강진에서 남쪽으로 내려가면 땅끝 마을인 해남이 나와. 그곳과 이웃 마을에는 한때 귤과 유자가 풍성했어. 귤과 유자가 돈이 되자 그 앞에 있는 섬에서도 몇 사람이 귤나무를 심어 살림에 보탰지.

그런데 어떻게 소문을 들었는지 관아에서 보낸 심부름꾼이 섬으로 들이닥쳤어. 섬사람들은 까닭도 모른 채 관아에서 나온 사람들을 대접하려고 닭을 삶고 돼지를 잡느라 허리가 휘었지. 심부름꾼은 잘 대접을 받고 난 뒤 귤나무에 탐스럽게 열린 파란 귤을 하나하나 세었어.

"내가 이렇게 열매의 숫자를 다 세었으니 하나라도 없어지면 네놈이 먹은 줄 알겠다."

귤나무 주인은 어리둥절했지.

"열매는 바람이 불면 떨어지기도 하고 벌레나 새가 먹기도 하는데 어떻게 이것이 전부 익어서 딸 수 있겠습니까?"

관아 심부름꾼은 들은 체도 하지 않고 떠났다가 겨울이 되자 다시 들이닥쳤어. 이번에도 섬사람들은 대접하느라 난리가 났지. 심부름꾼은 귤을 따서 상자에 담고 난 뒤 주인을 호통쳤어.

"네 이놈! 귤이 이렇게나 모자라니 어쩔 것이냐. 얼른 개수대로 채워 놓아라."

굴 주인은 어이가 없었지만 관아에 끌려가 곤장을 맞을 생각을 하니 정신이 아득해졌지. 하는 수 없이 이웃 마을에 가서 굴을 사다가 보태야 했어.

이듬해 추석 때가 되자 또 관아 심부름꾼이 맡겨 놓은 보따리를 찾으러 왔다는 듯이 들이닥쳤어. 그러고는 파란 열매의 수를 세었어.

"올해는 열매 수를 속이지 말아라."

마을 사람들의 대접을 받고 떠난 관아 심부름꾼은 겨울에 굴이 익자 다시 왔어. 그들은 굴 상자를 잔뜩 싣고 웃으면서 떠났지. 그들이 떠난 뒤 마을 사람들은 잔뜩 화가 나서 굴 주인을 찾아왔어.

"이 집 굴 때문에 우리 마을이 쑥대밭이 되었어. 어쩔 거야?"

굴 주인은 쥐구멍이라도 찾고 싶었어. 굴나무를 심으면 몇 푼이라도 벌 수 있을 줄 알았는데 관아에서 탈탈 털어 가니 오히려 손해가 난 데다 마을 사람들이 시달리는 것을 보니 이게 뭔일인가 싶었지.

"저도 어떡해야 할지 모르겠어요. 그렇다고 함부로 굴나무를 베었다간 제가 무슨 일을 당할지 두렵습니다."

굴 주인이 울면서 말했지. 누군가 말했어.

"굴이 저절로 죽었다고 하면 어떨까?"

"그래. 나무란 게 병에 걸려서 죽기도 하고 때론 저절로 말라 죽

기도 하고 태풍에 쓰러져 죽기도 하잖아."

"해남에서도 이런 일로 고생하다가 나무에 구멍을 뚫고 후춧가루를 집어넣었다고 하더라."

해남의 귤 밭도 그렇게 다 사라졌다고 해. 귤 주인은 결국 후춧가루를 이용해서 나무를 죽였지.

선비의 귤 밭도 마찬가지의 운명을 겪었어. 귤나무가 있다는 소문이 나자 관아에서 심부름꾼이 찾아왔어. 귤을 함부로 따 가고 온갖 협박을 했지. 선비는 그래도 양반이라 데려가서 곤장을 칠 수는 없었겠지. 그러나 관아에서 맘먹고 못살게 구는데야 별수 없었어. 그래서 귤나무를 다 베어 버린 것이야. 나는 선비를 위로해 주는 것 말고는 해 줄 수 있는 게 아무것도 없었어. 마음이 너무 아팠지.

귤이 많은 제주도에서는 몰래 나무뿌리에 뜨거운 물을 부어서 귤나무를 죽인대. 그래서 제주도에서 귤나무가 거의 다 사라져 버렸다고 하더라.

백성들의 것을 가져갈 때는 대가 없이 함부로 가져가서는 안 돼. 제값을 치러야 하지. 그래야 자연스럽게 백성들이 행복해질 것이고, 목민관은 존경받을 수 있지 않을까?

재앙을 가져온 진상품

임금에게 귀하고 좋은 특산품을 바치는 것을 '진상'이라고 해요. 귤도 진상품 중에 하나였어요.

진상품은 정식 세금은 아니었지만, 특산품이 귀하고 비싸다 보니 중간에 빼돌리는 일이 많았어요. 하나를 궁궐로 보내기 위해 열 개를 더 내놓으라고 독촉하기도 했어요. 지방에서 물건을 알아서 걷다 보니 막무가내 요구도 많았어요. 바다와 먼 산골 마을인데 물고기를 바치라고 하는 식이었지요. 백성들은 어쩔 수 없이 돈을 마련해서 바닷가 마을에 가서 물고기를 사서 바치거나, 상인들에게 웃돈을 주고 사서 바쳤어요. 다른 세금은 쌀이나 옷감으로 대신 냈지만 진상품만은 물건을 직접 내야 했지요.

귤을 진상품으로 바치는 백성들도 고달팠어요. 귤은 재앙의 나무였지요. 급기야 백성들은 귤을 재배하지 않으려고 귤나무를 일부러 죽였어요. 제주도에서 귤은 점점 사라졌고, 왕실의 제사에도 귤을 올릴 수 없는 지경이 되었어요.

세금을 걷는 관리가 가지고 다닌 '수세패'.
이 수세패는 족두리를 파는 가게에서
세금을 거두며 착용했어요.

현명한 수령은 백성을 편안하게 한다

너무 나쁜 수령들과 아전들 얘기만 한 것 같으니 진정한 목민관 얘기를 좀 해 볼게.

세 번의 임금을 거치는 동안 다섯 번이나 영의정에 올랐던 이원익이란 분이 있었어. 백성들에게 매우 사랑받았던 관리였어.

이분이 북쪽 평안도 안주라는 곳에 수령으로 갔을 때 일이야. 그곳은 국경이 가깝기 때문에 아전들이 마을 사람들에게 쌀을 걷어서 직접 군대에 바쳤어. 군인들의 식량이었지.

이원익은 도착하자마자 아전들을 모아 놓고 말했어.

"장부를 보여 주어라."

아전들이 장부를 부리나케 갖고 왔지. 속으론 얼마나 떨렸겠어. 대쪽같이 곧은 이원익의 성격을 알고 있었거든.

그동안 아전들은 300가마니 정도를 걷어서 100가마니는 걷는 수고비로 꿀꺽했고, 나머지 100가마니는 쌀을 옮기는 비용으로 또 꿀꺽해 왔어. 그러고는 10가마니 정도를 수령에게 바치면서 말했지.

"마을 사람들이 사또의 은혜에 너무 감사해서 쌀을 바쳤습니다."

수령은 그 말을 진짜로 믿거나 거짓인 줄 알면서도 속아 줘. 쌀 열 가마니를 꿀꺽할 기회인데 절대 놓칠 리가 없지. 장부 따위는 보려고도 하지 않았어.

그러니 이원익이 장부를 꼼꼼하게 보고 이것저것 묻자 다들 다리가 후들거렸지. 하지만 어쩐 일인지 이원익은 고개만 끄덕이고 아무 말도 없었어. 다들 안심했지.

다시 쌀을 걷을 때가 왔어. 아침 일찍 일어나 나갈 준비를 갖춘 이원익이 장부를 꺼내 들고 아전들을 앞세웠어. 직접 쌀을 받으러 간 거야. 그런데 백성들은 눈이 휘둥그레졌지. 300가마니가 아닌 100가마니만 거둬 갔거든. 그뿐이 아니었어. 이원익은 쌀을 직접 감영에 바쳤어. 결국 아전들은 엄청난 수고비를 뜯어낼 수 없었지.

사실 이원익은 아전들의 잘못을 알고 있었지만 일부러 벌주지 않았어. 월급을 받는 수령은 백성들의 물건을 뺏으면 큰일이 나지만, 아전들이 수고비를 받았다고 해서 벌주라는 법은 없거든. 만일 이원익이 꾸짖었다면 아전들은 일을 그만두고 나가 버릴 거야. 마을 일을 잘 아는 아전들이 그만두면 수령은 아무 일도 하지 못하지만, 이원익이 떠나면 아전들은 다시 들어와 일하면 되거든. 그래서 이원익은 아전들을 꾸짖는 대신 직접 나선 거야.

이원익은 또 군포 문제도 완벽하게 해결했어. 안주는 너무 추운 지역이라서 목화를 재배할 수 없어. 그래서 군포를 내려면 옷감을 사다 바쳐야 하는데 무척 번거롭기도 하거니와 군포를 바칠 때가 되면 옷감 가격이 올랐지.

이원익은 봄에 창고의 쌀을 팔아 옷감을 미리 사 왔어. 봄에는 쌀은 비싸고 옷감은 쌌거든. 가을에 목화를 따서 겨우내 옷감을 만들어 팔기 때문이지. 사들인 옷감은 창고에 쌓아 두었어.

가을에 쌀을 추수하면 관아에 보관해 둔 옷감을 마을 사람들에게 팔고 대신 쌀을 받았어. 마을 사람들은 저렴하게 옷감을 사서 군포를 바칠 수 있었지. 다음 해 봄엔 다시 관아에 쌓인 쌀로 옷감을 사면 돼. 군포 때문에 걱정할 일이 하나도 없게 되었단다. 마을 사람들은 감격했어.

"우리 사또는 하늘이 내린 분이신가 보다. 우릴 생각해 주는 분을 만날 줄이야."

백성들은 즐겁게 세금을 냈어. 세금이 적당하니 더 열심히 일하면 저축도 할 수 있었지. 세금이 무서워서 도망가는 사람도 없어졌어. 마을 인구가 늘었고 자연스럽게 세금은 더 잘 걷혔지.

멋진 목민관을 본받아 백성을 기쁘게 한다

멋진 목민관 얘기를 조금 더 해 볼게. 이런 분을 본받아야 할 테니까. 충원이란 곳에 수령으로 온 이경여는 여름에 백성들에게 칡을 베게 했어.

"날도 더운데 갑자기 칡을 베서 뭐 하려는 거지?"

다들 불평했지. 칡의 줄기는 밧줄 같은 걸 만드는 데 썼어. 그렇지만 밧줄이 그렇게 많이 필요한 일이 없었거든.

이상한 명령은 또 있었어. 마을 북쪽에 울창한 숲이 있었어.

"저 숲의 나무는 아무도 베지 못하도록 특별히 감시하도록 해라."

군졸들은 숲을 지키면서 투덜댔지.

"도대체 숲을 지키라니. 우리 사또는 너무 이상해."

"그러게. 칡을 베라고 하더니 나무는 베지 못하게 하고 말이야."

다음 해 봄이 되자 놀라운 일이 벌어졌어. 나라에 칡과 나무를 바치라는 명령이 마을마다 내려온 거야.

"칡을 바치라고? 우린 이미 준비가 되었네. 이게 어찌 된 일이지?"

사람들은 무척 신기했지. 이경여가
무슨 앞을 내다보는 능력이 있냐고?
아니야. 이경여는 나라에 큰 공사가
언제 어디서 있는지 미리 알아 뒀을
뿐이야. 나라는 공사에 들어가는 재
료를 백성들에게 바치라고 하거든. 큰 공사에는 칡으로 만든 밧줄
이 아주 많이 필요해. 그래서 미리 칡을 마련해 둔 거야.

곳곳에서 갑자기 칡을 구하느라 난리였어. 칡 가격이 귀하다는
옷감인 모시 가격에 맞먹을 정도로 치솟았지. 물론 충원에선 걱정
이 없었어.

칡이 충원에 많다는 소문이 퍼지자 이웃 마을에서 구하러 왔어.

기꺼이 인심을 썼지. 물론 세상에 공짜는 없으니까 적당한 가격을 받아서 마을 사람들이 낼 세금에 보태게 했어.

공사에는 칡뿐만 아니라 나무도 많이 필요해.

"아, 그래서 우리 사또가 숲을 지키라고 한 거였구나."

다들 고개를 끄덕이면서 감탄했지. 그런데 이경여는 사람들을 모을 생각을 하지 않았어. 충원은 숲이 커서 베어야 할 나무도 엄청 많았는데 말이야. 아전들은 슬슬 걱정이 되었어. 그런데 이경여가 갑자기 외출할 준비를 했어.

"나무 장사꾼들이 가장 많이 모여 있는 곳으로 안내해라."

아전은 깜짝 놀랐어. 나무를 팔아먹을 생각인가 싶었거든. 장사꾼들이 모여 있는 주막에 이르자 이경여는 거래를 제안했어.

"저기 저 숲의 나무들 보이지? 아주 좋아 보이지?"

"네, 사또."

"너희에게 저 나무를 공짜로 얻을 수 있는 기회를 주마."

"진짜요? 공짜라고요? 에이, 거짓말하지 마세요."

다들 믿으려 하지 않았어.

"물론 다 공짜는 아니다. 저기 저 숲의 나무를 베면 절반은 나라에 바치고 절반은 너희에게 주겠다."

장사꾼들은 기뻐서 환호성을 질렀어. 나무를 공짜로 얻을 기회 잖아.

다른 마을 사람들이 큰 나무를 구하느라 땀 흘리며 숲을 헤매는 동안 충원 마을 사람들은 그런 일이 있었는지도 몰랐지. 마을 사람들이 베어서 내야 할 나무를 나무 장사꾼들이 대신 다 바쳤으니까.

귀신 같은 수령이라고? 그럴 리가 있겠어? 다른 관리들이 한양의 궁궐에 가면 뇌물을 바쳐서 더 좋은 마을로 옮길 궁리만 할 때, 이경여는 나라의 계획을 미리 알아 둔 것뿐이야. 이런 수령이 마을에 온다면 마을 사람들은 정말로 기쁘겠지? 진정한 목민관의 모습 아닐까?

훌륭한 목민관은 백성을 이롭게 한다

강유후가 강계라는 마을에 수령으로 있을 때였어. 강계는 국경에 있는 마을로 백두산에서 이어져 온 산맥이 갈래갈래 뻗어 있는 곳이었지. 마을 사람들은 산삼을 캐서 먹고살았어.

조선은 법에 의해 산삼을 캐려면 자격증이란 게 필요했어. 돈 3냥을 내면 자격증을 주는데, 이것을 황첩이라고 불러. 황첩 없이 산삼을 캐면 처벌을 받아. 그러나 황첩이 있어도 워낙 산삼이 비싸니까 그곳 관리나 아전이 가만두지 않았어. 작은 산삼 한 뿌리가 무려 400냥이나 했으니 한두 뿌리만 뺏어도 어마어마하겠지?

산삼을 캐려면 가을에 들어가 추운 겨울을 산에서 지내야 해. 온갖 산짐승을 피해 다녀야 하지. 고생이 이루 말할 수 없었어. 목숨 걸고 산삼을 캐서 내려오면 길목을 관아 사람들이 지키고 있어. 심마니의 주머니를 뒤져서 산삼을 모조리 빼앗은 뒤 아주 보잘 것 없는 돈을 내미는 거야.

"자, 이 정도면 값을 치른 거다. 이것은 모두 나라에 바칠 것들이니 그리 알라."

물론 결코 그 산삼이 나라의 곳간에 들어갈 리 없어. 관아 사람들 주머니에 들어가지. 딱 3냥, 황첩 값만 나라에 바치는 거야. 심마니는 어디다 하소연할 수도 없어. 이미 뇌물을 잔뜩 받은 관리들도 한통속이니까.

강유후가 수령으로 일하러 간 곳은 국경 지대이다 보니 매우 조심스러운 곳이었어. 청나라가 조선 백성이 국경을 넘어와 산삼을 캐다 걸리면 문제를 삼았거든. 그래서 아예 나라에선 백두산 근처에서 산삼을 캐는 걸 법으로 막기도 했지.

하지만 강계 사람들은 산삼이 아니면 돈벌이 방법이 없었어. 첩첩산중이라 논도 없었고, 물고기를 잡거나 소금을 구울 수도 없었어. 참으로 딱했지.

"산삼을 캘 수 없다면 다른 방법으로 살아가야 하지 않겠느냐?"

강유후는 사람들을 다독여서 밭농사를 짓게 하거나 뽕나무를 심어서 비단을 만들게 했지. 그러나 워낙 땅이 척박해서 굶주림을 피할 길이 없었어.

강유후는 고민 끝에 산삼을 캘 수 있는 방법을 찾았어. 나라에서 산삼을 캐지 못하게 한 이유는 오직 하나잖아. 국경을 넘어가지 못하도록 막으려는 것이지. 그런데 국경이란 게 정해진 울타리가 있는 게 아니어서 산삼을 캐면서 산속을 헤매다 보면 아차 하는 순간 넘어가게 돼.

'어떻게 하면 국경을 넘지 않고 산삼을 캘 수 있을까?'

강유후는 경험 많은 심마니들에게 물어서 그 방법을 찾아내었어. 우선 지도를 이용해서 마을에서 국경선까지의 거리가 얼마인지 잰 다음 심마니들에게 그 정도 거리면 며칠이면 다녀올 수 있는지 물었어. 심마니들은 경험이 많으니 자신 있게 대답했지.

"그 정도 거리면 아무리 늦어도 열흘이면 충분히 다녀옵니다."

강유후는 마을 사람들을 모아 놓고 말했어.

"이제부터 삼을 캐는 것을 허락하겠다. 하지만 떠날 때 신고하고 열흘 이내에 돌아와서 다시 신고해라. 만일 그 안에 돌아오지 않으면 국경을 넘어간 것으로 여기고 벌을 주겠다."

심마니들은 산삼을 캐게 되어서 신이 났지만 한편으론 기분이 언짢았어.

"신고하라니, 신고는 핑계고 산삼을 혼자 다 챙겨 가시려나 보네. 우리 사또 욕심이 아전들을 넘는구나."

"어휴, 산삼을 캐어 봐야 사또 배나 불리겠구나."

그래도 산삼을 캘 수 있게 된 것을 다행으로 여기며 백두산으로 들어갔어. 산삼을 캐고 돌아와 관아에 신고했지.

"시간을 지켰구나. 잘했다. 앞으로도 그렇게 하도록 해라. 관아에서 필요한 산삼은 제값을 주고 살 것이니 팔 사람은 두고 가고,

아니면 갖고 가서 너희들 마음대로 해라."

심마니들은 어리둥절했어. 산삼을 캐게 한 것만으로도 큰 은혜인데 심지어 하나도 뺏을 생각이 없다니 놀랄 수밖에!

"우리 사또가 우리를 이렇게나 보살펴 주시는데 명령을 어기면 우리만 손해 아니겠어?"

그때부터 모든 심마니들이 반드시 기간 안에 돌아와 기꺼이 신고했어.

목민관은 늘 백성에게 관대해야 해. 강유후는 국경 지대에서 산삼 캐는 것을 금지한 법을 풀어 주어 백성들이 먹고살 수 있도록 했고, 한 뿌리의 산삼도 뺏지 않았어. 국경을 넘지 않을 방법을 찾아내어 백성들이 법을 어기지 않게 해 줬지. 강유후는 조선에서 2년에 한 명 나올까 말까 한다는 청백리가 되어 모든 사람들의 존경을 받았어. 훌륭한 목민관은 결국 백성도 이롭게 하고 스스로도 존경받으니 꿩 먹고 알 먹기라고 할 수 있겠지?

진짜 목민관은 흉년을 슬기롭게 이겨 낸다

조선은 농업 국가라 흉년이 들면 그야말로 지옥이 펼쳐져. 굶주린 사람들이 거리를 떠돌고 소금 가격이 치솟아. 곡식이 떨어졌으니 산나물이라도 캐어다 먹으려는데, 소금이 없으면 먹기 힘들기 때문이야.

어려운 상황에서도 흉년을 슬기롭게 넘긴 진짜 목민관들 얘기를 해 볼게.

이지함이 아산에서 수령으로 일할 때였어. 흉년이 들었지만 그래도 아산은 다른 곳에 비해 피해가 크지 않았어. 고향을 버리고 떠도는 사람들이 하나둘씩 아산을 찾아왔단다. 그들은 마을을 떠돌며 먹을 것을 구했지만 쉽지 않았어. 큰 흉년은 피했다고 해도 아산 사람들도 넉넉하지는 않았거든.

"가엾구나."

이지함은 그들을 위해 보잘것없지만 비와 이슬을 피할 수 있는 집을 지어 주었어. 그리고 큰 솥을 걸어 죽을 쒀서 나눠 줬지. 사람들은 그 집을 걸인청이라고 불렀어. 거지들의 집이란 뜻이야.

소문이 나자 사람들이 몰려오기 시작했어. 대부분 고향을 버려 돌아갈 곳도 없었고, 떠날 때 입고 온 옷 한 벌 외엔 가진 것도 없었지.

"이들을 어떻게 할까."

이지함은 고민 끝에 아전을 불렀어.

"마을에 가서 볏짚을 구할 수 있는 대로 다 사 오너라."

아전은 왜 그러는지 몰라서 고개를 갸웃거렸지만 시키는 대로 했지. 엄청난 양의 볏짚이 걸인청 마당에 쌓였어.

"혹시 이걸로 이불을 삼으라는 뜻일까?"

"아니면 불을 때서 추위를 피하라는 뜻일까?"

저마다 한마디씩 했지만 이지함의 뜻을 알 수 없었지. 그렇게 웅성거리고 있을 때 이지함이 나타났어.

"여기 볏짚으로 짚신을 삼아라. 짚신을 팔면 볏짚 값을 제하고 모두 나눠 줄 것이다."

그제야 사람들은 볏짚을 왜 쌓아 놨는지 이해했어. 사람들은 부지런히 짚신을 만들었지. 이지함은 앉아서도 천리를 본다는 사람이잖아? 안 가 본 곳이 없을 만큼 조선을 돌아다녀서 마을 사정을 다 알고 있었지. 짚신을 어디 가서 팔아야 하는지 훤히 꿰고 있었던 거야. 걸인청 사람들은 짚신을 삼아 돈을 벌었어. 그 돈으로 모두 옷을 사 입게 되었지. 거지꼴로 왔던 이들이 번듯하게 새 옷을 장만하고는 그곳을 떠났어. 고향으로 돌아갔는지는 모르지만 그래도 새롭게 시작할 힘을 얻었겠지.

이후산이란 높은 관리가 강원도 지방을 둘러보러 갔을 때 일이야. 그곳에 큰 흉년이 들어서 사람들이 쌀 한 톨 구할 돈도 없었지. 가난은 나라님도 못 구해 준다고 하잖아. 스스로 구할 수밖에. 이후산은 그들이 스스로를 구할 수 있게 돈을 벌 수 있는 길이 뭘까 생각했지. 강원도의 감영 건물들이 무너진 채 그대로 있는 모습이 눈에 들어왔어. 임진왜란 때 무너졌는데 50년이 지나도록 고치지 않고 있었던 거야. 이후산은 기뻤어. 길을 찾았거든.

"흉년에는 토목 공사를 하는 것이 옛사람의 지혜다. 건물을 새로 짓도록 하라."

건물 짓는 일을 하면 감영의 창고에 있는 쌀과 옷감을 나눠 주겠다고 하니 사람들이 구름같이 모여들었어. 공사는 금방 끝났고 많은 사람들이 흉년을 무사히 넘겼어.

흉년을 잘 넘기는 것도 물론 중요하지만 현명한 목민관은 힘써서 흉년에 대비해야 한단다. 쌀과 소금은 늘 준비해 둬야 해. 풍년이 들어서 쓸모가 없으면 팔면 되니 손해날 게 없어. 말린 미역과 마른 새우는 싸지만 죽에 넣으면 맛있어. 미리 싱싱한 것을 구해다 저장해 두면 흉년에 마을 사람들에게 나눠 줄 수도 있고 죽에

넣으면 먹기도 편하지.

노자라는 훌륭한 분이 말했어.

"백성을 다스리는 것은 조그마한 생선을 삶는 것과 같이 해야 한다."

조금만 흔들어도 부스러지기 쉬운 생선처럼 조심조심 정성을 다해서 백성을 다스리라는 뜻이지.

사람이라면 두려워할 세 가지가 있다고 했어. '백성'과 '하늘'과 '자기의 마음'이야. 윗사람을 속이고 나라를 속여서 자기 잇속을 챙기고 자기 자리나 지키려는 사람들을 백성이 모두 두 눈 똑똑히 뜨고 보고 있어. 윗사람을 속일 수는 있어도 백성을 속일 수는 없고, 설령 하늘을 속일 수는 있어도 자기 자신의 부끄러움을 속일 수는 없어. 이런 마음을 갖는다면 아무리 흉년이 들어 모두가 고통스럽더라도 헤쳐 나갈 수 있지 않을까?

인간다운 인간, 나라다운 나라를 꿈꾸다

박석무(다산연구소 이사장·우석대 석좌교수)

우리 민족의 고전이자 공직자의 바이블

반갑다. 초등학생이라도 쉽게 읽을 수 있는 《목민심서》가 나온다니. 《목민심서》는 우리 민족의 고전이자 공직자의 바이블이다. 그러나 한자로 쓰여 있고 책의 분량도 너무 많아서 아무나 읽을 수 없는 어려운 책이다. 이제 우리말로 번역하고 분량까지 줄여서 초등학생도 읽기 쉽고 보기 편한 책으로 나온다니 얼마나 반가운 일인가.

《목민심서》는 조선 최고의 실학자 정약용이 18년의 귀양살이 기간에 그 마지막 해인 1818년, 57세의 나이로 저술한 책이다. 1801년 40세의 나이로 귀양살이를 시작한 정약용은 18년째이던 1818년, 유배에서 풀려나 고향으로 돌아오기 직전 48권의 방대한 《목민심서》를 탈고했다. 교정과 교열을 제대로 보지 못한 책이어서 고향으로 돌아와 3년이 지난 1821년 3월에야 완성해 책의 서문을 지어 필사본으로 보관했다. 올해로 203년이 된 옛날에 지은 책이다. 부임 편에서 해관 편에 이르기까지 12편의 체계적인 내용마다 6개 조항으로 구성하였다. 행정에 관해 치밀하고 정확한 방법과 훌륭한 사례를 소개한 72항목은 공직자에게 성경과 같은 책이다. 이런 책을 어려운 한자에서 한글로 바꾸고 내용을 줄이고 줄여 초등학생 눈높이에 맞춰 다시 썼으니 얼마나 환영할 만한 일인가.

인격을 형성하는 자양분

인간에 의해 역사는 만들어지고, 천재적인 사상가에 의해서 어느 순간에 새로운 역사가 창조되기도 한다. 1712년 프랑스에서 태어난 장 자크 루소는 50세이던 1762년에 《사회계약론》이라는 책을 출판한다. 그해 조선에서 태어난 다산 정약용이 57세이던 1818년 《목민심서》가 탈고되는데, 독일에서는 그해 카를 마르크스가 태어난다. 1789년 28세의 정약용은 문과에 급제하여 벼슬살이를 시작하는데, 그해에 《사회계약론》의 영향으로 프랑스 혁명이 일어나 세계사에 큰 변혁이 이루어졌다. 1867년에는 마르크스가 50세의 나이로 《자본론》 첫 권을 간행하여 세계 역사에 커다란 파문을 일으켰다.

루소와 마르크스의 책은 세계를 뒤흔든 저서가 되었다. 그러나 조선이라는 나라에서 저술한 책이라는 이유로 《목민심서》는 전혀 세계사를 움직이는 책이 되지 못했고, 조선에서조차 정책에 반영되지 못하고 말았으니 얼마나 안타까운 일인가. 망해 가던 조선의 탐관오리들은 자기들에게 약이 되고 나라에 피가 되는 《목민심서》를 철저히 외면하여 부패와 타락을 멈추지 않았다. 끝내는 나라가 통째로 일본에 먹히는 불행을 당하고 말았으니 이 얼마나 슬픈 일인가.

서양의 학자나 사상가에 비교해 부족함이 전혀 없는 조선의 실학자가 크게 빛을 보지 못하는 안타까움이 크다. 나는 여기에 느낀 바가 있어 《목민심서》 읽기를 권장하는 일에 힘을 쏟았다. 《목민심서》의 선구적인 사상으로 온 국민이 무장하고, 모든 공직자가 실천하고 행동으로 옮긴다면 반드시 나라다운 나라가 되고 인간다운 인간이 되어, 인간답게 더불어 살아가는 세상이 올 것을 확신한다.

이제 나라의 미래인 어린이가 《목민심서》를 제대로 읽을 수 있는 책이 나왔으니, 인격을 형성해 가는 자양분으로 삼는다면 우리의 장래는 얼마나 밝을 것인가. 그래서 이 책의 출판을 크게 환영하면서 많은 어린이가 이 책을 즐겨 읽기를 바란다.

공정과 청렴을 외친 정약용

다산 정약용은 썩고 부패한 조선이라는 나라를 그대로 두면 반드시 망하니, 나라를 통째로 개혁해야 한다고 주장한 개혁사상가였다. 그래서 다산은 먼저 국가 개혁의 마스터플랜인 《경세유표》를 저술하였다.

그러나 개혁은 쉽지 않은 일이다. 개혁에 앞서 인간다운 인간을 먼저 요구할 수밖에 없었다. 공직자들이 어떤 마음으로 어떤 행정을 펴야 나라다운 나라가 될 것인가에 마음을 기울였다. 그 결과 저술한 책이 《목민심서》였다. 부정부패가 만연한 조선이라는 나라는 공직자들이 공정과 청렴을 실천하지 않는 한 절대로 바로잡을 수 없다고 믿었다. 어떻게 하는 것이 공정한 행정이고 어떻게 해야 청렴한 공직자인가를 밝힌 책이 《목민심서》이다. 다산은 자신이 공직자로서 행했던 공정하고 청렴한 공직 생활을 실례로 들어 설명했다. 옛날 중국이나 조선에서 공정과 청렴으로 공직 생활을 했던 어진 이들의 행적을 나열하여 어떤 것이 공정이고 어떤 것이 청렴인가를 밝혔다. 그런 본보기를 따르는 마음과 행동으로 공직 생활을 해야만 나라다운 나라를 만들 수 있다는 다산의 생각이 응축된 책이라고 말할 수 있다.

인격이 높은 인간을 만드는 책

다산은 《목민심서》 머리말에서 공직자들에게 책임을 분명하게 제시할 뿐만 아니라, 우리 인류 모두에게도 당부한다는 내용을 분명히 밝혔다.

"주역에 '옛날 어진 분의 말씀이나 옛날 분들의 행적을 많이 익혀서 자기자신의 덕을 쌓는다'라고 하였으니, 이 책의 저술 작업이야말로 진실로 나자신의 덕을 쌓기 위한 것이지 어찌 반드시 공직자들에게만 해당되겠는가."

《목민심서》는 공직자만의 책이 아니라 인간이 유학의 최고 가치인 '덕(德)'을 쌓는 데 도움을 주는 책이기도 하다는 뜻이다. 인격이 높은 인간이 되기 위해서는 반드시 이런 책을 읽어야 한다는 의미로 해석할 수 있다.

우리나라에서 노벨문학상 수상자가 배출된 오늘날,《목민심서》세계화는 우리 국민이 이룩해야 할 커다란 임무이자 의무이다. 어린 시절부터《목민심서》의 정신을 터득하고 인격 형성에 귀중한 자양분으로 삼는다면《목민심서》는 새로운 시대를 맞아 인류의 고전 지위에 오를 것이 분명하다.

나라다운 나라를 꿈꾼다

인류의 보편적 가치인 공정과 청렴은 시대가 바뀌고 세상이 변해도 그 뜻이 변하지 않는다. '율기(律己)'를 통해 인간다운 인간으로서 인격을 갖추고, '애민'을 통해 사회적, 경제적 약자들을 국가가 책임지고 보살피는 복지 사회 건설은 다산의 꿈이 아니라 모든 인류의 꿈이 아닐 수 없다. '봉공(奉公)'의 논리에 따라 강자는 누르고 약자를 부축해 주어야 한다는 사회 정의 또한 더 떨쳐 일으켜야 할 인간의 의무이지 사라져 가는 논리가 될 수 없다.

이제 희망이 있다. 나는 오랫동안《목민심서》를 통해 깨끗한 세상을 이루자고 역설하면서 살아오고 있다. 어린이가 나와 같은 희망을 지니고《목민심서》를 통해 나라다운 나라를 이룩하는 일에 마음을 쏟는다면 이런 나라는 반드시 희망이 있을 것 아닌가. 아직 불공정과 부패가 판치고 있는 나라, 국가의 미래인 어린이가《목민심서》로 그런 문제를 해결하려는 꿈을 꾼다면 나라의 장래가 얼마나 밝을 것인가. 모든 어린이에게 이 책을 권한다.

참고 자료

자찬 묘지명 집중본, 《다산시문집》 제 16권, 한국고전종합DB

다산 정약용 연보, 《경세유표》, 한국고전종합DB

흠흠신서 서, 《다산시문집》 제 12권, 한국고전종합DB

《한국민족문화대백과사전》, 한국학중앙연구원

《조선왕조실록》, 국사편찬위원회

- 논문

〈조선후기의 지방자치〉, 김용덕, 국사관논총 제3집, 국사편찬위원회

〈18, 19세기 환정문란과 다산의 개혁론〉, 한상권, 국사관논총 제9집, 국사편찬위원회

〈조선후기 수령대책과 그 인사실태〉, 윤정애, 국사관논총 제17집, 국사편찬위원회

〈조선후기 화성축조와 향촌사회의 제양상〉, 최홍규, 국사관논총 제30집, 국사편찬위원회

〈조선후기 수령의 법적 지위와 형벌권 행사의 실상〉, 심재우, 한국문화 91호, 서울대학교 규장각한국학연구원

〈조선후기 지역 민간의료체계의 발전사〉, 원보영, 국사관논총 제107집, 국사편찬위원회

〈조선후기 사적의료의 성장과 의업에 대한 인식 전환〉, 김성수, 의사학 제34호, 대한의사학회

〈조선후기 질병사 연구〉, 이규근, 국사관논총 제96집, 국사편찬위원회

〈조선후기 석빙고 홍예구조와 조성방법 연구〉, 김상협·조현정·김왕직·김호수·정성진·김덕문,
대한건축학회존문집 29권, 11호, 대한건축학회

〈조선후기 수령의 부임의례〉, 김혁, 조선시대사학보 22권, 22호, 조선시대사학회

〈19세기 부세의 도결화와 봉건적 수취체제의 해체〉, 안병욱, 국사관논총 제7집, 국사편찬위원회

〈조선후기 수령대책과 그 인사실태〉, 윤정애, 국사관논총 제17집, 국사편찬위원회

- 잡지

〈이윤석의 19세기 미시사 탐구〉, 월간중앙 2023년 10월호

- 단행본

《조선시대의 형사법제 연구》, 안성훈 외, 한국형사정책연구원

《정선 목민심서》, 다산연구회 편역, 창비

《실천적 이론가 정약용》, 금장태, 이끌리오

《다산 정약용 유배지에서 만나다》, 박석무, 한길사

《역주 흠흠신서 3》, 정약용 저, 박석무·이강욱 역, 한국인문고전연구소

사진 출처

15쪽, 〈신임 관리의 행차〉, 국립중앙박물관

21쪽, 〈신임 관리의 행차〉, 국립중앙박물관

27쪽, 수원화성 화서문, 셔터스톡

28쪽, 유형거, 수원화성박물관

32쪽, 〈유운홍필 풍속도〉, 국립중앙박물관

33쪽, 상평통보, 국립중앙박물관

39쪽, 달성 현풍 석빙고, 국가유산청

47쪽, 무명, 국립제주박물관

72쪽, 호패, 국립중앙박물관

85쪽, 복쇠자매문기, 국립중앙박물관

86쪽, 되, 국립민속박물관 / 마패, 국립중앙박물관

97쪽, 오명항 초상, 한국민족문화대백과사전

115쪽, 〈형정도－동헌앞재판〉, 국립민속박물관

121쪽, 평시서에서 제작한 족두리전 수세패, 국립중앙박물관